“走出去”系列教材

汉语速学 1

Chinese Crash Course 1

主　编：史　文　王　艳

副主编：毕　伟　何　盈

参　编：吴雯霞　崔　月　陈　颖

高　唱　赵移山

对外经济贸易大学出版社

University of International Business and Economics Press

图书在版编目（CIP）数据

汉语速学. 1 / 史文，王艳主编. —北京：对外经济贸易大学出版社，2023.6

"走出去"系列教材

ISBN 978-7-5663-2515-0

Ⅰ. ①汉… Ⅱ. ①史…②王… Ⅲ. ①汉语–对外汉语教学–教材 Ⅳ. ①H195.4

中国国家版本馆 CIP 数据核字（2023）第 121685 号

汉语速学 1
Chinese Crash Course 1

史　文　王　艳　主编

责任编辑： 杨娇娇

出版发行：对外经济贸易大学出版社
社　　址：北京市朝阳区惠新东街 10 号
网　　址：www.uibep.com
资源网址：www.uibepresources.com
邮政编码：100029
邮购电话：010－64492338
发行部电话：010－64492342
E-mail：uibep@126.com

成品尺寸：185mm×260mm
印　　张：8.5
字　　数：196 千字
ISBN 978-7-5663-2515-0
印　　刷：北京市泰锐印刷有限责任公司
版　　次：2023 年 6 月北京第 1 版
印　　次：2023 年 6 月第 1 次印刷
定　　价：46.00 元

前　言

随着我国经济的高速发展和国际地位的不断提高，加之共建“一带一路”的扎实推进，汉语越来越成为“一带一路”沿线国家语言学习者热衷学习的语种，习近平总书记在党的二十大报告中指出，要“增强中华文明传播力影响力……深化文明交流互鉴，推动中华文化更好走向世界”。国际中文教育是提升中文国际地位和影响力的重要载体，也是“增强中华文明传播力影响力”的直接路径。为了充分利用“一带一路”这个国际合作平台发挥国际中文教育在国际文化交流中的重要作用，通过语言“走出去”的方式，促进汉语和中国文化的国际传播，编写一本普适性和针对性相结合、简洁易懂且富含特色的国际中文教育教材将有助于提高学生的学习热情，更好地理解汉语知识和认识中国文化。

为贯彻党的二十大报告所提出的“办好人民满意的教育”“加强教材建设和管理”的要求，本教材遵循国际中文教育教材编写的基本原则和发展趋势，适用于汉语初级水平学习者。

教材共分两册，第一册共 15 课，每课包含热身活动、生词和课文、语法和文化讲解、汉字学习以及课后练习五个部分。热身活动主要以图片的形式引出本课话题，在教学中可采用直观且轻松的方式激发学生对新知识的学习动机，自然过渡到生词和课文会话的学习。语法和文化的讲解采用注释的方式，语言简洁，搭配不同语境中的典型例句，弱化语法，着重引导学生关注语言形式并在真实语境中重复实践语言点，加深理解。汉字部分先学习 14 个汉字基本笔画和 8 个书写笔顺，让非汉字圈学生了解汉字书写特征后再在每课介绍两个本课课文中出现较多且易学易写的偏旁并给出其他例字，加强对汉字的认知和积累。课后练习针对每课的重难点分类进行强化训练，包括语音练习、语法和句型练习以及汉字书写练习，参考汉语水平考试（HSK）题型，在巩固本课知识点的同时熟悉 HSK 考试题型。

编写具体分工如下：史文负责第 1 课和第 14 课；王艳负责第 15 课；毕伟负责第 8

课和第 9 课；何盈负责第 10 课；吴雯霞负责第 13 课；崔月负责第 6 课和第 7 课；陈颖负责第 2 课和第 3 课；高唱负责第 11 课和第 12 课；赵移山负责第 4 课和第 5 课。

第二册共 15 课，每课包含热身活动、生词和课文、语法和文化讲解、课堂活动以及课后练习五个部分。遵循结构、功能、文化相结合的教学基本原则，每课围绕 1~2 个交际主题，选取反映中国当代社会特点的内容展开。热身活动设计了 4 个与主题密切相关的问题，在教学中可引导学生运用已知知识完成师生问答或生生问答，并与新的交际话题产生连接，自然过渡到新的课文和生词的学习。注释中的语言点和文化点在课文会话的基础上拓展了其他语境下的实践运用，循序渐进，从懂到会，掌握语言点在交际中的正确使用。在每一课的语言点知识后均设置输出型课堂活动任务，帮助学生在真实语境中充分运用当课的知识点及实际语用搭配，提升汉语交际能力和对中国文化的正确理解。课后练习针对每课的重难点分类进行强化训练，包括词汇和汉字与语法和句型练习，参考 HSK 考试题型，在巩固本课知识点的同时熟悉 HSK 考试题型。

编写具体分工如下：史文负责第 1 课和第 9 课；张江梅负责第 4 课；何盈负责第 7 课、第 14 课和第 15 课；王甦晨负责第 2 课、第 5 课和第 8 课；吴雯霞负责第 10 课和第 11 课；崔月负责第 12 课和第 13 课；高唱负责第 3 课和第 6 课。

本教材尚存在许多疏漏和不足之处，敬请各位同行、老师批评指正！

编写组

2023 年 2 月

目 录

第一课　打招呼
Greeting

一、热身 Warm-up

看图片,说说下面哪种打招呼的方式是你常用的?

Look at the pictures and tell which greeting do you usually use?

二、课文 Text

课文 1.

　　Nǐ　hǎo.
A：你 好。

　　Nǐ　hǎo.
B：你 好。

生词 New Words

1. 你　nǐ　*pron.*　(*singular*)you
2. 好　hǎo　*adj.*　good, fine

课文 2.

　　Nín　hǎo.
A：您 好。

　　Nǐmen　hǎo.
B：你们 好。

生词 New Words

3. 您　nín　*pron.*　(*polite*)you
4. 你们　nǐmen　*pron.*　(*plural*)you

课文 3.

　　Tóngxuémen　hǎo.
A：同学们 好。

　　Lǎoshī　hǎo.
B：老师 好。

生词 New Words

5. 同学　tóngxué　*n.*　classmate
6. 老师　lǎoshī　*n.*　teacher

三、注释 Notes

1.“您”是“你”的尊称，一般用来称长辈、年长的人或上级，也可以用来称同辈的人，表示礼貌。

“您” is the respectful form of “你”, which is usually used to address the elderly, senior people or superiors. It can also be used to address people of the same generation to show politeness.

2.“们”用在代词或指人的名词后面，表示复数。例如：你们、同学们和老师们。注意：名词前有数量时，后面不加“们”，例如：不说“三位老师们”。

“们” is used after pronouns or nouns referring to people to indicate plurality. For example, “你们,同学们,老师们”. Note: Do not add “们” when there is a quantity before a noun. For example, you cannot say “三位老师们”.

四、汉字学习 Learning Characters

1. 汉字的笔画(1)：横(一)、竖(丨)、撇(丿)、捺(㇏)

Strokes of Chinese Characters(1): 横(一)、竖(丨)、撇(丿)、捺(㇏)

笔画 Stroke	名称 Name	例字 Example Characters
一	横 héng	一 二
丨	竖 shù	十 王
丿	撇 piě	人 八
㇏	捺 nà	大 天

2. 汉字的笔顺(1)：先横后竖，先撇后捺

Stroke Order(1): horizontal preceding vertical and left-falling preceding right-falling

笔顺 Rule	例字 Example Characters
先横后竖 horizontal preceding vertical	十 王
先撇后捺 left-falling preceding right-falling	人 大

五、练习 Exercises

语音 Pronunciation

（一）朗读下列字词

Read the following words aloud.

mā	má	xué	xuě	hǎo	hào	dǎo	dào
tōu	tòu	fēn	fěn	miáo	miào	huó	huò
guó	guǒ	shēn	shěn	yìng	yǐng	xià yǔ	xiàwǔ
xuéxí	huídá	àihào	kuàilè	lǎoshī	tóngxué	míngbai	diànnǎo
gōngzuò	rènshi						

（二）听录音，写出声母或韵母及声调

Listen to the recording and write down the initials or finals you hear, then add the tone marks.

___āo	___uān	___iào
___uǒ	___èn	___ī
___ǒu	___ú	___ōng
h___	m___	g___
j___	l___	d___

（三）给下列句子注音

Write the *pinyin* for the following sentences.

1. 你们好。

______________________________。

2. 老师好。

______________________________。

3. 您好。

______________________________。

语法与句型 Grammar and Sentence Pattern

（一）看图片，选择正确的对话

Choose the right picture for each dialogue.

Tóngxuémen hǎo.
(1)A：同学们 好。

Lǎoshī hǎo.
B：老师 好。

Nín hǎo.
(2)A：您 好。

Nǐ hǎo.
B：你 好。

Nǐ hǎo.
(3)A：你 好。

Nǐ hǎo.
B：你 好。

A

B

C

（二）选择合适的选项完成句子

Choose the appropriate alternatives to complete the sentences.

Lǎoshī： Tóngxuémen ______ hǎo.
(1)老师：同学们______好。

Tóngxué： Nín hǎo.
同学：您 好。

nǐ　　　　nǐmen
A. 你　　B. 你们

Xiǎo Wáng： Lǐ lǎoshī, ______.
(2)小 王：李 老师，______。

Lǐ lǎoshī： Nǐ hǎo.
李 老师：你 好。

nín hǎo　　　　nǐ hǎo
A. 您 好　　B. 你 好

Xiǎo Wáng hé Mǎkè: Zhāng Lán, nǐ hǎo.
(3) 小 王 和 马克：张 兰，你 好。

Zhāng Lán: hǎo.
张 兰：______好。

Nǐ
A. 你

Nǐmen
B. 你们

hǎo.
(4) A：______好。

Nín hǎo.
B：您 好。

Lǎoshī
A. 老师

Tóngxuémen
B. 同学们

汉字书写 Character Writing

（一）书写下列汉字

Write the following Chinese characters.

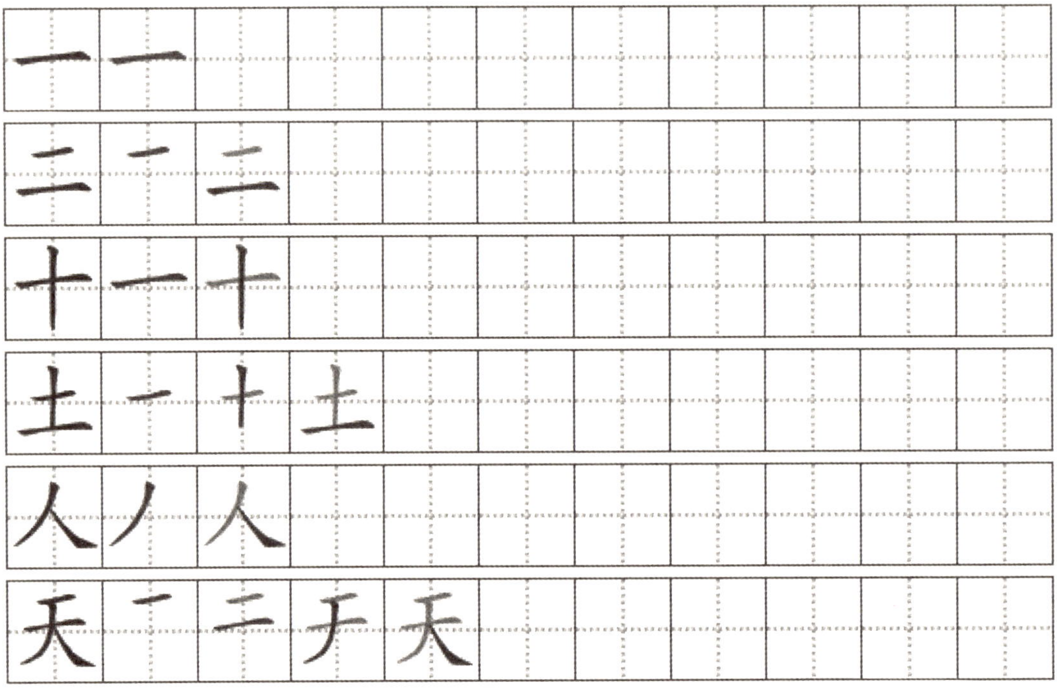

（二）选择正确的汉字

Choose the correct Chinese characters.

(1) 王 老师，_____好。（Wáng lǎoshī, ___ hǎo.）

你	您

(2)你_____好。（Nǐ ___ hǎo.）

门	们

(3)_____学们 好。（___ xuémen hǎo.）

国	同

(4)老_____好。（Lǎo ___ hǎo.）

帅	师

第二课 谢谢
Thanks

一、热身 Warm-up

看图片,了解中国传统文化——拱手礼。

Look at the pictures and learn about the traditional Chinese culture—the fist-and-palm salute.

Nán yòu quán zuǒ bāo
男 右 拳 左 包

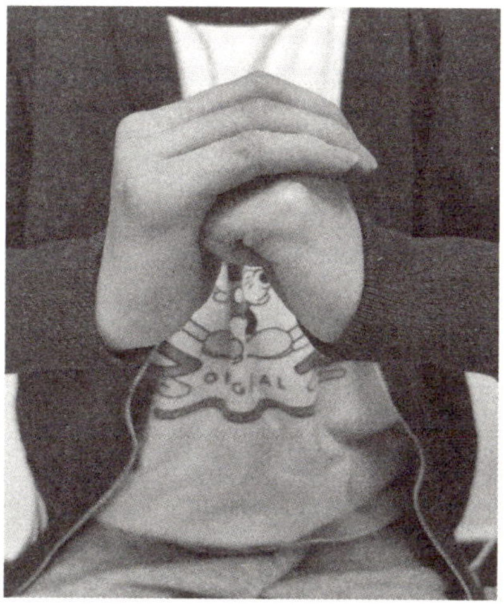

Nǚ zuǒ quán yòu bāo
女 左 拳 右 包

二、课文 Text

课文 1.

Xièxie!
A：谢谢!

Bú yòng xiè!
B：不 用 谢!

生词 New Words

1. 谢谢 xièxie *v.* to thank
2. 不用谢 bú yòng xiè you're welcome

课文 2.

Xièxie lǎoshī!
A：谢谢 老师!

Bú kèqi!
B：不 客气!

生词 New Words

3. 不客气 bú kèqi you're welcome

课文 3.

Lǎoshī zàijiàn!
A：老师 再见!

Zàijiàn!
B：再见!

生词 New Words

4. 再见 zàijiàn *v.* to see you around

三、注释 Notes

中国传统文化——拱手礼，古人见面问候礼仪，表示尊重。

Traditional Chinese culture—the fist-and-palm salute, is the ancient greeting etiquette to show respect.

四、汉字学习 Learning Characters

1. 汉字的笔画(2)：点(丶)、提(㇀)、横折(㇕)、横折钩(㇆)

Strokes of Chinese Characters(2): 点(丶)、提(㇀)、横折(㇕)、横折钩(㇆)

笔画 Stroke	名称 Name	例字 Example Characters
丶	点 diǎn	不 谢
㇀	提 tí	打 坏
㇕	横折 héngzhé	口 见
㇆	横折钩 héngzhégōu	再 师

2. 汉字的笔顺(2)：从上到下，从左到右

Stroke Order(2): top preceding bottom and left preceding right

笔顺 Rule	例字 Example Characters
从上到下 top preceding bottom	不 见
从左到右 left preceding right	谢 师

五、练习 Exercises

语音 Pronunciation

（一）朗读下列字词

Read the following words aloud.

bā	bá	shuí	shuǐ	lǎo	lào	pǎo	pào
kōu	kòu	mēn	mén	nǎo	nào	tuó	tuò
fú	fù	zhēn	zhěn	yún	yǔn	xià xuě	xiàlai
kànqí	huílai	xǐhuan	xièxie	héshì	tóngzhuō	míngtiān	xǐ shǒu
xuéwèn	zàijiàn						

（二）听录音，写出声母或韵母及声调

Listen to the recording and write down the initials or finals you hear, then add the tone marks.

___iōng	___uān	___òu
___uǒ	___èn	___iān
___ǒu	___ún	___iào
n___	l___	sh___
m___	zh___	g___

（三）给下列句子注音

Write the *pinyin* for the following sentences.

1. 谢谢您！

______________________________!

2. 不客气！

______________________________!

3. 再见！

______________________________!

语法与句型 Grammar and Sentence Pattern

（一）看图片，选择正确的对话

Choose the right picture for each dialogue.

A

　　　　Lǎoshī,　xièxie　nín!
(1)A：老师,谢谢 您!

　　Bú　yòng　xiè!
　B：不 用 谢!

B

　　　　Xièxie　nín!
(2)A：谢谢 您!

　　Nín　kèqi!
　B：您 客气!

C

　　　　Xièxie　nǐ,　Mǎkè.
(3)A：谢谢 你,马克。

　　Bú　yòng　xiè.
　B：不 用 谢。

（二）选择合适的选项完成句子

Choose the appropriate alternatives to complete the sentences.

Tóngxué: Lǎoshī,
(1) 同学：老师，________！

Lǎoshī: Bú kèqi!
老师：不 客气！

xièxie nín　　　　xièxie nǐ
A. 谢谢您　　　　B. 谢谢你

Zhāng Lán: Mǎkè,
(2) 张 兰：马克，________！

Mǎkè: Bú yòng xiè!
马克：不 用 谢！

xièxie nǐ　　　　xièxie nín
A. 谢谢你　　　　B. 谢谢您

Zhāng Lán: Yéye,
(3) 张 兰：爷爷，________！

Yéye: Bú yòng xiè!
爷爷：不 用 谢！

xièxie nín　　　　xièxie nǐ
A. 谢谢您　　　　B. 谢谢你

汉字书写 Character Writing

（一）书写下列汉字

Write the following Chinese characters.

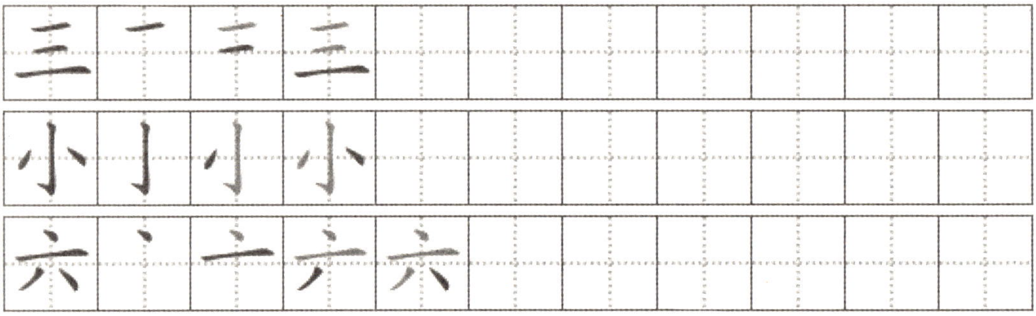

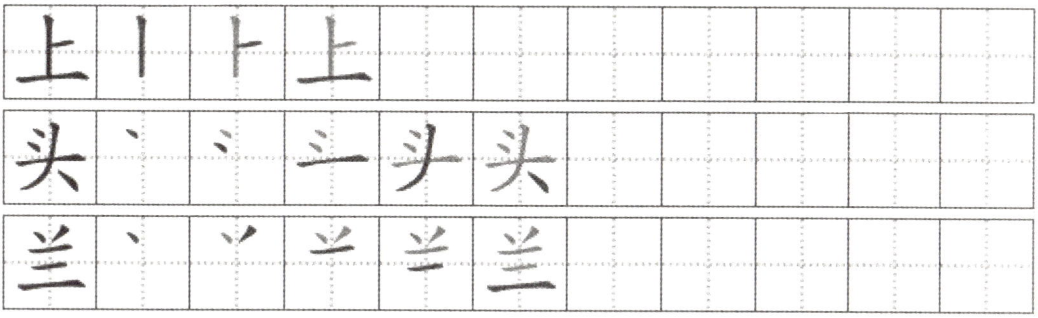

（二）选择正确的汉字

Choose the correct Chinese characters.

Wáng lǎoshī, xièxie

(1) 王 老师，谢谢______！   你 您

Bú yòng

(2)不 用______！   谢 榭

Bú qi!

(3)不______气！   克 客

第三课　你叫什么名字

What's your name

一、热身 Warm-up

看图片，说出这四个国家的国旗名称。

Look at the pictures and name the national flags of the four countries.

二、课文 Text

课文 1.

Nǐ hǎo.
A：你 好。

Nǐ hǎo.
B：你 好。

Wǒ jiào Lǐ Míng, nǐ jiào shénme míngzi?
A：我 叫 李 明，你 叫 什么 名字？

Wǒ xìng Zhāng, jiào Zhāng Fāng.
B：我 姓 张，叫 张 芳。

生词 New Words

1. 叫 jiào *v.* to call
2. 名字 míngzi *n.* name
3. 姓 xìng *n.* family name
4. 什么 shénme *pron.* what
5. 我 wǒ *pron.* I

课文 2.

Nǐ shì nǎ guó rén?
A：你 是 哪 国 人？

Wǒ shì Tàiguó rén.
B：我 是 泰国 人。

生词 New Words

6. 是 shì *v.* to be
7. 哪 nǎ *pron.* which
8. 国 guó *n.* nation
9. 人 rén *n.* people
10. 泰国 Tàiguó *pn.* Thailand

课文 3.

Lǎoshī, nín hǎo!
A：老师，您 好！

Nǐ hǎo, nǐ shì xuésheng ma?
B：你 好，你 是 学生 吗？

Shìde, wǒ shì Tàiguó liúxuéshēng.
A：是的，我 是 泰国 留学生。

生词 New Words

11. 留学生 liúxuéshēng *n.* international student

三、注释 Notes

疑问代词“什么”“哪” The Interrogative Pronouns “什么” and “哪”

1. 疑问代词“什么”在疑问句中做宾语。

The interrogative pronoun “什么” is used as the object in interrogative sentences.

例如：

(1)你叫什么名字？

(2)这是什么？

2. 疑问代词“哪”用在疑问句中的结构形式为：哪+量词/名词+名词。

When the interrogative pronoun “哪” is used in a question, the structure is “哪 + measure word/noun + noun”.

例如：

(1)你是哪国人？

(2)哪本书？

四、汉字学习 Learning Characters

1. 汉字的笔画(3)：横钩(乛)、竖折(𠃊)、竖提(𠄌)、竖钩(亅)

Strokes of Chinese Characters(3): 横钩(乛)、竖折(𠃊)、竖提(𠄌)、竖钩(亅)

笔画 Stroke	名称 Name	例字 Example Characters
乛	横钩 hénggōu	你 字
𠃊	竖折 shùzhé	山 画
𠄌	竖提 shùtí	长 衣
亅	竖钩 shùgōu	小 丁

2. 汉字的笔顺(3): 先外后里;先外后里再封口

Stroke Order(3): outside preceding inside

outside preceding inside and then sealing it

笔顺 Rule	例字 Example Characters
先外后里 outside preceding inside	月 风
先外后里再封口 outside preceding inside and then sealing it	日 田

五、练习 Exercises

语音 Pronunciation

(一) 朗读下列字词

Read the following words aloud.

nǎ	ná	xuǎn	xuán	bǎo	bào	shǎo
shào	gōu	gòu	wēn	wěn	pū	pù
tuó	tuǒ	shuāng	shuǎng	mìng	míng	tài
shǎo	shàngwǔ	liànxí	huí jiā	jū jiā	xuésheng	guóqí
jiāoyáng	shǒujī	gōngrén	zhèngquè			

(二) 听录音，写出声母或韵母及声调

Listen to the recording and write down the initials or finals you hear, then add the tone marks.

___ōu	___iān	___ěn
___uǒ	___ēn	___iā
___óng	___ún	___àn
p___	n___	b___
q___	s___	c___

（三）给下列句子注音

Write the *pinyin* for the following sentences.

1. 我是越南留学生！

______________________________！

2. 你叫什么名字？

______________________________？

3. 你是泰国人吗？

______________________________？

语法与句型 Grammar and Sentence Pattern

（一）看图片，选择正确的对话

Choose the right picture for each dialogue.

Nǐ hǎo, nǐ jiào shénme míngzi?
(1)A：你 好，你 叫 什么 名字？
Nǐ hǎo, wǒ jiào Mǎkè.
B：你 好，我 叫 马克。

A

Lǎoshī: Tóngxué, nǐ shì xuésheng ma?
(2)A：老师：同学，你 是 学生 吗？
Tóngxué: Shìde, lǎoshī, wǒ shì Tàiguó liúxuéshēng.
B：同学：是的，老师，我 是 泰国 留学生。

B

（二）选择合适的选项完成句子

Choose the appropriate alternatives to complete the sentences.

Lǎoshī: Tóngxué nǐ hǎo,
(1)老师：同学 你 好，______？
Tóngxué: Lǎoshī hǎo, wǒ jiào Lǐ Míng.
同学：老师 好，我 叫 李 明。

nǐ jiào shénme míngzi
A. 你 叫 什么 名字

nǐ jǐ suì le
B. 你 几 岁 了

Xiǎo Wáng: Mǎkè,
(2)小 王：马克，______？
Mǎkè: Wǒ shì Měiguó rén!
马克：我 是 美国 人！

nǐ shì nǎ guó rén
A. 你 是 哪 国 人

nǐ shì liúxuéshēng ma
B. 你 是 留学生 吗

Xiǎo Wáng: Nǐ hǎo, nǐ shì nǎge guójiā de liúxuéshēng?
(3)小 王：你 好，你 是 哪个 国家 的 留学生？
Zhāng Lán:
张 兰：______！

Tàiguó
A. 泰国

Zhāng Lán
B. 张 兰

Nǐ xìng shénme?
(4)A：你 姓 什么？
B：______。

Wǒ xìng Zhāng
A. 我 姓 张

Wǒ shì liúxuéshēng
B. 我 是 留学生

汉字书写 Character Writing

（一）书写下列汉字

Write the following Chinese characters.

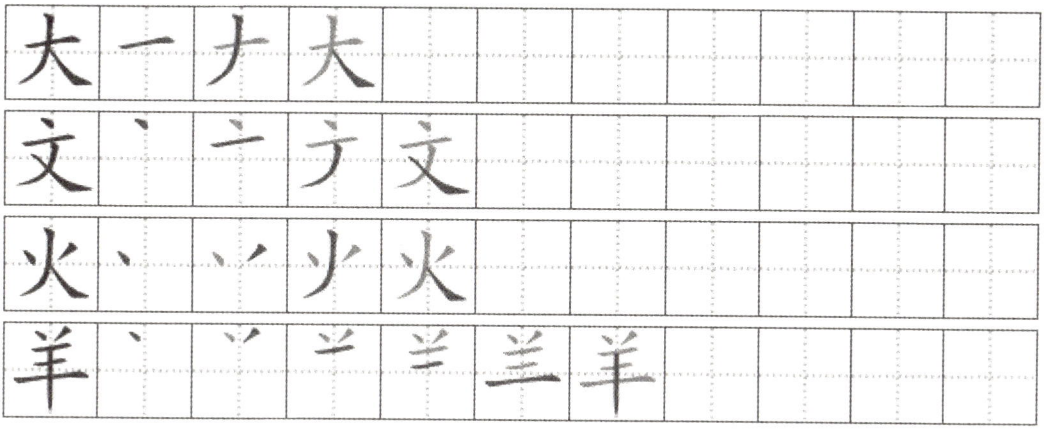

（二）选择正确的汉字

Choose the correct Chinese characters.

Nǐ jiào shénme zì?
(1)你 叫 什么______字？　　名　各

Nǐ shì xuéshēng ma?
(2)你 是______学生 吗？　　留　溜

Nǐ shénme?
(3)你______什么？　　性　姓

Nǐ shì nǎ rén?
(4)你 是 哪______人？　　国　园

Wǒ shì guó rén.
(5)我 是______国 人。　　泰　秦

Wǒ shì Tàiguó liúxué?
(6)我 是 泰国 留学______？　　生　先

第四课　这是我爸爸

This is my father

一、热身 Warm-up

看图片，说出下面人们的职业。

Look at the pictures and name the jobs of the people.

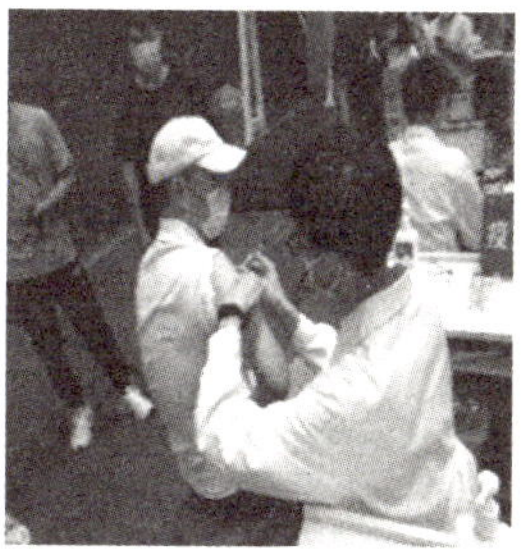

二、课文 Text

课文 1.

　Zhè shì shéi?
A：这 是 谁 ?

　Zhè shì wǒ bàba.
B：这 是 我 爸爸。

生词 New Words

1. 这 zhè *pron.* this
2. 谁 shéi *pron.* who, whom
3. 爸爸 bàba *n.* father, dad

课文 2.

　Nǐ jiā yǒu jǐ kǒu rén?
A：你 家 有 几 口 人?

　Wǒ jiā yǒu sì kǒu rén, bàba、māma、mèimei hé wǒ.
B：我 家 有 四 口 人,爸爸、妈妈、妹妹 和 我。

生词 New Words

4. 家 jiā *n.* family
5. 有 yǒu *v.* to have, there be
6. 几 jǐ *pron.* how many
7. 口 kǒu *m.* a measure word for members of families, etc.

课文 3.

　Nǐ bàba shì yīshēng ma?
A：你 爸爸 是 医生 吗?

　Bú shì, tā shì lǎoshī.
B：不 是,他 是 老师。

生词 New Words

8. 医生 yīshēng *n.* doctor

三、注释 Notes

1."是"字句的一般结构为"主语+是+名词或名词短语",表明主语的更多信息,比如身份、特征、品质或职位等。

The "是" sentence structure is "subject+是+noun/noun phrase", indicating more information about the subject, such as its identity, nature, quality, or position, etc.

例如:

(1)这是我爸爸。

(2)他是老师。

句尾可以加上疑问助词"吗",构成疑问句。

The interrogative particle "吗" can be added at the end of a sentence to form a question.

例如:你爸爸是医生吗?

2. 疑问代词"几",意思是"多少",一般用于询问10以下的数字。

The interrogative pronoun "几", which means "how many/much", is generally used to ask about number under 10.

例如:

(1)你家有几口人?

(2)你有几个老师?

四、汉字学习 Learning Characters

1. 汉字的笔画(4):竖弯钩(乚)、斜钩(㇂)

Strokes of Chinese Characters(4): 竖弯钩(乚)、斜钩(㇂)

笔画 Stroke	名称 Name	例字 Example Characters
乚	竖弯钩 shùwāngōu	儿 爸
㇂	斜钩 xiégōu	我 找

2. 汉字的笔顺(4)：先中间后两边

Stroke Order(4): middle preceding two sides

笔顺 Rule	例字 Example Characters
先中间后两边 middle preceding two sides	水 山

五、练习 Exercises

语音 Pronunciation

(一) 听录音，选择听到的双音节词语

Listen to the recording and mark the disyllabic words you hear.

1. jiàoshī　jiàoshì
2. kēmù　kēxué
3. guójiā　dàjiā
4. yìnxiàng　yìnshuā
5. měishí　měijǐng
6. pǐncháng　pǐnwèi
7. xīnshǎng　jiànshǎng
8. xǐhuan　xǐ'ài

(二) 把下列拼音填写完整

Fill in the blanks to complete the *pinyin.*

1. 这 zh___
2. 是 sh___
3. 谁 sh___
4. 爸爸 b___b___
5. 家 ___iā
6. 有 ___ǒu
7. 妈妈 m___m___
8. 妹妹 m___m___

(三) 给下列句子注音

Write the *pinyin* for the following sentences.

1. 这个人是谁？

______________________________?

2. 我家有四口人。

________________________________。

3. 你爸爸是老师吗？

________________________________？

语法与句型 Grammar and Sentence Pattern

（一）看问题，选择正确的回答

Read the questions and choose the right answer to each of them.

Zhè shì shéi?
1. 这 是 谁 ？

Nǐ jiā yǒu jǐ kǒu rén?
2. 你 家 有 几 口 人？

Nǐ bàba de gōngzuò shì shénme?
3. 你 爸爸 的 工作 是 什么？

Tā shì lǎoshī.
A. 他 是 老师。

Zhè shì wǒ bàba.
B. 这 是 我 爸爸。

Wǒ jiā yǒu sì kǒu rén.
C. 我 家 有 四 口 人。

（二）看句子，选择正确的词语填空

Read the sentences and choose the right words to fill in the brackets.

bàba yīshēng shéi jǐ
A 爸爸 B 医生 C 谁 D 几

Wǒ shì lǎoshī.
1. 我(　　)是 老师。

Zhè shì
2. 这 是(　　)？

Nǐ jiā yǒu kǒu rén?
3. 你 家 有(　　)口 人？

Nǐ māma de gōngzuò shì ma?
4. 你 妈妈 的 工作 是(　　)吗？

（三）把括号里的词填入合适的位置

Put the words into the appropriate places.

Nàge nǚhái bú wǒ mèimei. shì
1. 那个 A 女孩 不 B 我 C 妹妹。 (是)

Nǐ xǐhuan dāng lǎoshī ma
2. 你 A 喜欢 B 当 老师 C？ (吗)

Xǎo Lín jiā yǒu kǒu rén? jǐ
3. 小 林 A 家 B 有 C 口 人? (几)

汉字书写 Character Writing

(一)根据拼音写汉字

Write Chinese characters according to the *pinyin.*

Māma hěn guānxīn
1. 妈妈 很 关心 wǒ(　　)。

Wǒ hěn xǐhuan gēn yìqǐ chūqu wán.
2. 我 很 喜欢 跟 mèimei(　　)一起 出去 玩。

Wǒ zuótiān qù kàn le.
3. 我 昨天 去 看 yīshēng(　　)了。

Bàba de gōngzuò shì
4. 爸爸 的 工作 是 lǎoshī(　　)。

(二) 选择正确的汉字

Choose the correct Chinese characters.

Nǐ cāi wǒ suì la?
(1)你 猜 我______岁 啦? 　　几　儿

Wǒ bù zhīdào wǒ mèi zài nǎr.
(2)我 不 知道 我 妹______在 哪儿。 　　姝　妹

Wǒ bàba shì yí ge hǎo lǎo
(3)我 爸爸 是 一 个 好 老______。 　　帅　师

Wǒ de mā hěn shànliáng.
(4)我 的 妈______很 善良 。 　　妈　码

（三）看汉字，找出含有下列笔画的汉字

Look at the characters and group them according to the radicals.

A 乱	B 儿	C 乳	D 礼	E 毛	F 尤
G 茂	H 飞	I 风	J 代	K 气	L 戈

1. ㇄: ________________________________
2. ㇏: ________________________________

第五课　榴莲多少钱一斤

How much is the durian per *jin*

一、热身 Warm-up

看图片，请说出四种水果的名称。

Look at the pictures and name the four kinds of fruits.

二、课文 Text

课文 1.

A：这 是 榴莲 吗？
Zhè shì liúlián ma?

B：不 是。这 是 菠萝蜜，那 是 榴莲。
Bù shì. Zhè shì bōluómì, nà shì liúlián.

生词 New Words

1. 榴莲 liúlián *n.* durian
2. 菠萝蜜 bōluómì *n.* jackfruit
3. 那 nà *pron.* that

课文 2.

A：你 好！你 买 什么？
Nǐ hǎo! Nǐ mǎi shénme?

B：我 买 榴莲。多少 钱 一 斤？
Wǒ mǎi liúlián. Duōshao qián yì jīn?

A：80 元 一 斤。
yuán yì jīn.

生词 New Words

4. 买 mǎi *v.* to buy
5. 多少 duōshao *pron.* how many, how much
6. 钱 qián *n.* money
7. 斤 jīn *m.* a unit of weight in Chinese language, being equal to 500 g
8. 元 yuán *m.* a unit of money in Chinese language

课文 3.

A：榴莲 怎么 卖？
Liúlián zěnme mài?

B：80 元 一 斤。
yuán yì jīn.

Shānzhúguǒ ne?
A：山竹果 呢？

yuán.
B：35 元 。

Tài guì le, piányi diǎn, xíng ma?
A：太 贵 了，便宜 点 ，行 吗？

生词 New Words

9. 怎么 zěnme *pron.* (*indicating nature, condition or manner, etc.*) how
10. 山竹果 shānzhúguǒ *n.* mangosteen
11. 呢 ne *part.* *used at the end of a question*
12. 太贵了 tài guì le too expensive
13. 便宜 piányi *adj.* cheap

三、注释 Notes

1. 疑问代词“多少”用来提问十以上的数量。“多少”还可以用于询问价格。

The interrogative pronoun “多少” is used to ask about numbers larger than 10. “多少” can also be used to inquire about prices.

例如：

(1)你们班级有多少学生？

(2)榴莲多少钱一斤？

2.“斤”，量词，中文的重量计量单位，相当于 500 克。与之相似的一个国际重量单位是“公斤”，相当于 1 000 克。

“Jin”, a measure word in Chinese, is equivalent to 500 grams. Another similar word “gongjin” (kilogram in English), as an international unit for weight, is equivalent to 1,000 grams.

例如：

(1)一斤等于半公斤。

(2)榴莲 80 元一斤。

3. 人民币的基本单位是“元”。

The basic unit of *Renminbi* is “元”.

例如：

(1)十元

(2)二十六元

四、汉字学习 Learning Characters

1. 汉字的偏旁“艹”和“木”

Chinese Radicals:“艹” and “木”

草字头“艹”:莲

木字旁“木”:榴

2. 汉字组合

Composition of Chinese Characters

草字头“艹” 例字	木字旁“木” 例字
莲 lián	榴 liú
菠 bō	林 lín
萝 luó	本 běn

五、练习 Exercises

语音 Pronunciation

（一）听录音，选择听到的双音节词语

Listen to the recording and mark the disyllabic words you hear.

1. liúlián　liúniàn
2. tài guì le　tài yuǎn le
3. bōluómì　bōluóyè
4. díquè　zhèngquè
5. wàiguórén　wàiguóyǔ
6. tīngshuō　tīng xiě
7. pútao　mìtáo
8. huānyíng　huānxǐ

（二）把下列拼音填写完整

Fill in the blanks to complete the *pinyin*.

1. 榴莲 ___iú___ián

2. 菠萝蜜 ___ō___uó___ì

3. 山竹果 ___ān___ú___uǒ
4. 一斤 ___ì___īn
5. 太贵了 t___g___l___
6. 便宜 p___y___
7. 多少钱 ___uō___ɑo___iɑ́n
8. 行吗 x___m___

（三）给下列句子注音

Write the *pinyin* for the following sentences.

1. 我买葡萄。

____________________________________。

2. 可以便宜点。

____________________________________。

3. 你喜欢吃山竹果吗？

____________________________________？

语法与句型 Grammar and Sentence Pattern

（一）看问题，选择正确的回答

Read the questions and choose the right answer to each of them.

1. Nǐ mǎi shénme?
你 买 什么？

2. Kěyǐ piányi diǎn ma?
可以 便宜 点 吗？

3. Shānzhúguǒ zěnme mài?
山竹果 怎么 卖？

A. 28 kuài yì jīn.
28 块 一 斤。

B. Wǒ mǎi liúlián.
我 买 榴莲。

C. Kěyǐ.
可以 。

（二）看句子，选择正确的词语填空

Read the sentences and choose the right words to fill in the brackets.

A nà 那　B mɑ 吗　C duōshɑo 多少　D zěnme 怎么

1. Zhè shì bōluómì, (　　) shì liúlián.
这 是 菠萝蜜，(　　)是 榴莲。

2. Pútɑo (　　) qián yì jīn?
葡萄(　　)钱 一 斤？

Xīguā　　mài?
3. 西瓜(　　) 卖?

Nǐ mǎi mángguǒ
4. 你 买 芒果 (　　)?

汉字书写 Character Writing

(一) 根据拼音写汉字

Write Chinese characters according to the *pinyin.*

Wǒ xiǎng qù mǎi xiē　　hé
1. 我 想 去 买 些 liúlián(　　)和 bōluómì(　　)。

Zhōngguó de　　hé Tàiguó de　　wǒ dōu xǐhuan.
2. 中国 的 pútao(　　) 和 泰国 的 shānzhúguǒ(　　)我 都 喜欢。

Zhè shì　　ma?　　qián yì jīn?
3. 这 是 bōluómì(　　)吗? Duōshao(　　)钱 一 斤?

le, kěyǐ　　diǎn ma?
4. Tài guì(　　)了,可以 piányi(　　)点 吗?

(二) 选择正确的汉字

Choose the correct Chinese characters.

Wǒ kěyǐ cháng yíxià　　lián ma?
(1)我 可以 尝 一下____莲 吗?　　榴　溜

Zhèxiē bōluó　　de wèidào hěn hǎo.
(2)这些 菠萝____的 味道 很 好。　　密　蜜

Pútao duōshao qián yì
(3)葡萄 多少 钱 一____?　　斤　斥

Wǒ xiǎng　　yìxiē shānzhúguǒ.
(4)我 想 ____一些 山竹果。　　买　卖

（三）请用相应的量词完成下面的句子

Complete the sentences below with the measure words.

gè	kǒu	jīn	běn
个	口	斤	本

Wǒ jiā yǒu sì ______ rén bàba、māma、gēge hé wǒ.
1. 我家有四______人，爸爸、妈妈、哥哥 和 我。

Wǒ xiǎng mǎi yì ______ liúlián.
2. 我 想 买 一______榴莲。

Zhè shì yì ______ Tàiguó de shū.
3. 这 是 一______泰国 的 书。

Shānzhúguǒ duōshao qián yì ______?
4. 山竹果 多少 钱 一______？

（四）看汉字，根据偏旁将它们归类

Look at the characters and group them according to the radicals.

A 胖	B 说	C 服	D 试	E 有	F 肩
G 认	H 谁	I 期	J 服	K 请	L 青

1. 月：______________________________
2. 讠：______________________________

第六课 你想吃什么

What would you like to eat

一、热身 Warm-up

看图片，说出下面食物的味道。

Look at the pictures and tell us what the following food taste like.

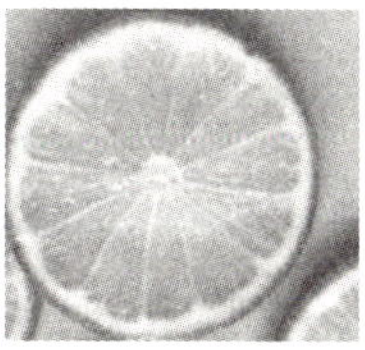

二、课文 Text

课文 1.

Níngméng shì suānde.
A：柠檬 是 酸的。

Kǔguā shì kǔde.
B：苦瓜 是 苦的。

生词 New Words

1. 酸 suān *adj.* sour
2. 苦 kǔ *adj.* bitter

课文 2.

Nǐ xiǎng chī shénme?
A：你 想 吃 什么？

Wǒ xiǎng chī tiánde.
B：我 想 吃 甜的。

Nà nǐ chī mángguǒ nuòmǐ fàn ba, mángguǒ nuòmǐ fàn shì tiánde.
A：那 你 吃 芒果 糯米 饭 吧，芒果 糯米 饭 是 甜的。

生词 New Words

3. 想 xiǎng *mod.* would like, to want
4. 吃 chī *v.* to eat
5. 甜 tián *adj.* sweet

课文 3.

Nǐ xiǎng chī làde ma?
A：你 想 吃 辣的 吗？

Xiǎng.
B：想。

Nà wǒmen chī málà xiāngguō hé mǐfàn ba!
A：那 我们 吃 麻辣 香锅 和 米饭 吧！

Wǒ bù xiǎng chī mǐfàn, wǒ xiǎng chī bāozi.
B：我 不 想 吃 米饭，我 想 吃 包子。

生词 New Words

6. 辣 là *adj.* hot, spicy
7. 吗 ma *part.* *used at the end of a question*
8. 米饭 mǐfàn *n.* rice
9. 包子 bāozi *n.* steamed stuffed bun

三、注释 Notes

1. 疑问助词“吗” The Interrogative Particle “吗”

可在普通陈述句末尾加上疑问助词“吗”将陈述句变为疑问句。

Adding the interrogative particle “吗” at the end of the sentence can turn a statement into a question.

例如：你想吃包子。→ 你想吃包子吗？

2. 能愿动词“想” The Modal Verb “想”

(1)肯定结构“想+动词+名词” The Positive Structure “想 + verb + noun”

例如：

① 我想吃包子。

② 我想学汉语。

(2)否定结构“不想+动词+名词” The Negative Structure “不想 + verb + noun”

例如：

① 我不想吃米饭。

② 我不想买榴莲。

四、汉字学习 Learning Characters

1. 汉字的偏旁“亻”和“口”

Chinese Radicals: “亻” and “口”

单人旁“亻”：你

口字旁“口”：吃

2. 汉字组合

Composition of Chinese Characters

单人旁“亻”例字	口字旁“口”例字
你 nǐ	吃 chī
什 shén	吗 ma
但 dàn	呢 ne

五、练习 Exercises

语音 Pronunciation

（一）朗读下列字词

Read the following words aloud.

yú	yǔ	jī	jì	yā	yá	ròu	ruò
chī	chí	kū	kǔ	lā	là	xián	xiàn
suān	suàn	tián	tiǎn	xiǎng	xiàng	mǐfàn	mǐmiàn
mìtāng	mìtáng	mínfǎ	nuòmǐ	bāozi	jiǎozi	jiǎozhǐ	bāozhuāng
bǎozhèng							

（二）听录音，写出声母或韵母及声调

Listen to the recording and write down the initials or finals you hear, then add the tone marks.

___ān	___iān	___ǔ
___à	___ián	___á
___āo	___iǎo	___ǐ
g___	n___	m___
x___	f___	g___

（三）给下列句子注音

Write the *pinyin* for the following sentences.

1. 这是甜的。

______________________________。

2. 想吃什么？

______________________________？

3. 不想吃辣的！

______________________________！

语法与句型 Grammar and Sentence Pattern

（一）看图片，选择正确的对话

Choose the right picture for each dialogue.

Nǐ xiǎng chī shénme?
(1)A：你 想 吃 什么？
Wǒ xiǎng chī mǐfàn.
B：我 想 吃 米饭。

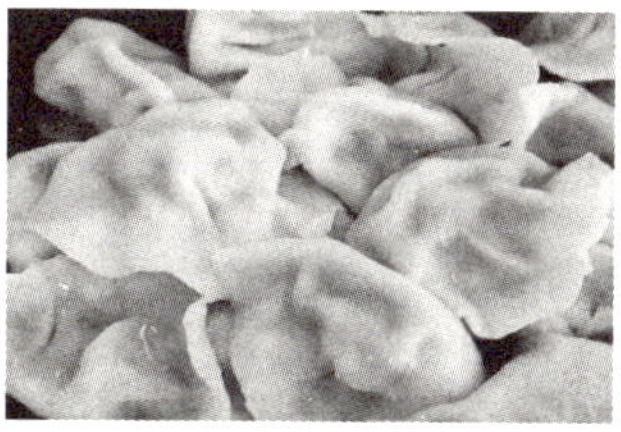

A

Nǐ xiǎng chī shénme?
(2)A：你 想 吃 什么？
Wǒ xiǎng chī bāozi.
B：我 想 吃 包子。

B

Nǐ xiǎng chī shénme?
(3)A：你 想 吃 什么？
Wǒ xiǎng chī jiǎozi.
B：我 想 吃 饺子。

C

（二）选择合适的选项完成句子

Choose the appropriate alternatives to complete the sentences.

Wǒ bù xiǎng chī mǐfàn, wǒ chī bāozi!
(1)我 不 想 吃 米饭，我______吃 包子！

xiǎng bù xiǎng
A. 想　　B. 不 想

Wǒ xiǎng chī tiánde, wǒ chī málà xiāngguō!
(2)我 想 吃 甜的，我______吃 麻辣 香锅 ！

xiǎng bù xiǎng
A. 想　　B. 不 想

Fúwùyuán: Nǐ xiǎng chī
(3)服务员：你 想 吃______？

Gùkè: Wǒ xiǎng chī mángguǒ nuòmǐ fàn.
顾客：我 想 吃 芒果 糯米 饭。

shénme shéi
A. 什么　　B. 谁

Fúwùyuán: Nǐ xiǎng chī shénme?
(4)服务员：你 想 吃 什么？

Gùkè: Wǒ xiǎng chī
顾客：我 想 吃______。

mǐfàn nǎli
A. 米饭　　B. 哪里

汉字书写 Character Writing

（一）书写下列汉字

Write the following Chinese characters.

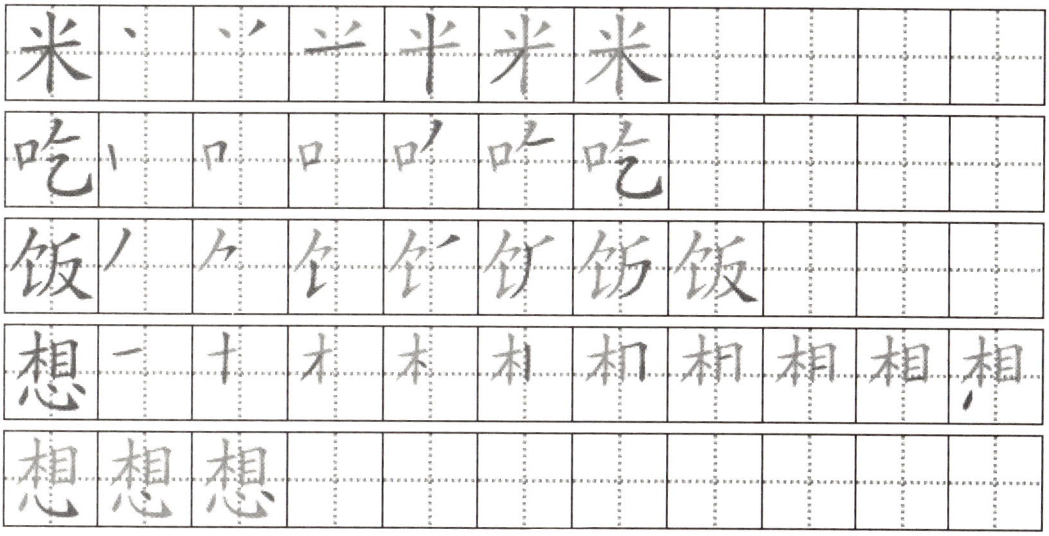

（二）选择正确的汉字

Choose the correct Chinese characters.

Zhè tiánde.
(1)这______甜的。

是	走

Nǐ chī mǐfàn
(2)你 吃 米饭______?

吗	码

Wǒ chī bāozi!
(3)我______吃 包子!

箱	想

Nǐ shuō me?
(4)你 说______么?

什	十

（三）看汉字，找出含有下列偏旁的汉字

Look at the characters and group them according to the radicals.

A 味　B 你　C 什　D 吃　E 吗　F 代
G 吧　H 他　I 但　J 听　K 位　L 呢

1. 亻：______
2. 口：______

第七课　我会做泰国菜
I can cook Thailand food

一、热身 Warm-up

看图片,说说这些东西是用来做什么的。

Look at the pictures and tell us what these things are used for.

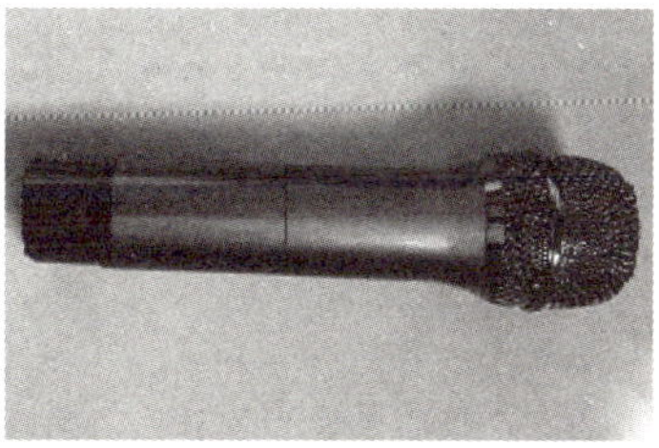
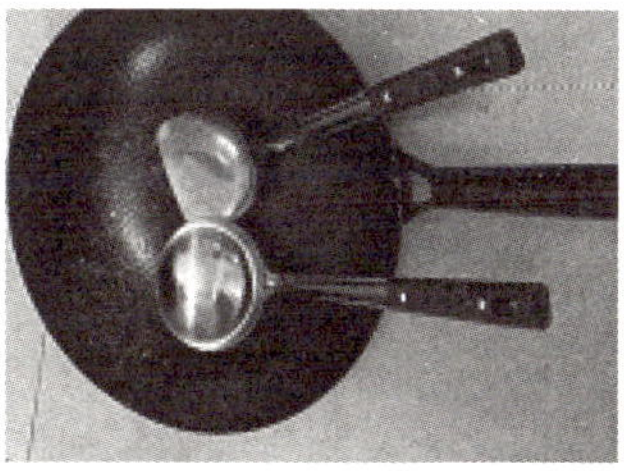

二、课文 Text

课文 1.

Nǐ huì zuò fàn ma?
A：你 会 做 饭 吗？

Wǒ huì zuò fàn.
B：我 会 做 饭。

Nǐ huì tī zúqiú ma?
A：你 会 踢 足球 吗？

Wǒ bú huì tī zúqiú.
B：我 不 会 踢 足球。

生词 New Words

1. 会 huì *mod.* can, to be able to
2. 做 zuò *v.* to make
3. 做饭 zuò fàn *v.* to cook
4. 踢 tī *v.* to kick
5. 足球 zúqiú *n.* football, soccer

课文 2.

Wǒ xǐhuan Tàiguó cài, nǐ ne?
A：我 喜欢 泰国 菜，你 呢？

Wǒ yě xǐhuan. Nǐ huì zuò Tàiguó cài ma?
B：我 也 喜欢。你 会 做 泰国 菜 吗？

Bú huì, wǒ zhǐ huì zuò Zhōngguó cài.
A：不 会，我 只 会 做 中国 菜。

生词 New Words

6. 喜欢 xǐhuan *v.* to be fond of, to like
7. 菜 cài *n.* dish
8. 也 yě *adv.* also, too
9. 只 zhǐ *adv.* only

课文 3.

Tīngshuō nǐ huì zuò fàn?
A：听说 你 会 做 饭？

Shìde. Wǎnshang lái wǒ jiā chī fàn ba, wǒ jīntiān zuò Dōngyīngōng.
B：是的。晚上 来 我 家 吃 饭 吧，我 今天 做 冬阴功。

Tài hǎo le. Tàiguó cài hěn hǎochī.
A：太 好 了。泰国 菜 很 好吃。

生词 New Words

10. 听说 tīngshuō *v.* to hear of, to be told
11. 晚上 wǎnshang *n.* night, evening
12. 冬阴功 Dōngyīngōng *pn.* Tom Yum Goong
13. 很 hěn *adv.* very, quite
14. 好吃 hǎochī *adj.* delicious

三、注释 Notes

1. 能愿动词"会" The Modal Verb "会"

能愿动词"会"用在动词前表示通过学习而获得某种能力，它的肯定结构用"会+动词+名词"，否定结构用"不会+动词+名词"。

The modal verb "会" is used before a verb, indicating acquiring an ability through learning. Its positive structure is "会+ verb+ noun" and its negative form is "不会+ verb+ noun".

例如：

(1)你会做饭。

(2)他会踢足球。

(3)我不会做泰国菜。

(4)他不会说汉语。

2. 副词"也" The Adverb "也"

副词"也"一般放在主语之后、谓语动词和形容词之前。

The adverb "也" is generally used after the subject and before the predicate verb and adjective.

例如：

(1)妈妈会做饭，我也会做饭。

(2)大卫是学生，我也是学生。

3. 副词"很" The Adverb "很"

副词"很"通常用在部分形容词前，表示"非常"。

The adverb "很" is usually used before some adjectives to indicate "very".

例如：

(1)很快

(2)很好吃

四、汉字学习 Learning Characters

1. 汉字的偏旁"彳"和"饣"

Chinese Radicals: "彳"和"饣"

双人旁"彳":很

食字旁"饣":饭

2. 汉字组合

Composition of Chinese Characters

双人旁"彳"例字	食字旁"饣"例字
很 hěn	饭 fàn
得 dé	馆 guǎn
行 xíng	饮 yǐn

五、练习 Exercises

语音 Pronunciation

(一) 朗读下列字词

Read the following words aloud.

hù	hǔ	ne	ma	yě	yè	zuò	zhuō
cuò	cū	chǎo	chā	zán	zhá	pēng	bēng
mèn	nèn	jiān	xiān	liū	liú	zuò fàn	mǐfàn
zuòwén	zǒngfēn	zhīfù	tīngshuō	tànsuǒ	tóngshí	xué huì	xuéhào

（二）听录音，写出声母或韵母及声调

Listen to the recording and write down the initials or finals you hear, then add the tone marks.

___ǎo	___iān	___ēng
___á	___èn	___iū
___uì	___ùn	___uò
x___	y___	n___
h___	h___	t___

（三）给下列句子注音

Write the *pinyin* for the following sentences.

1. 你会做饭吗？

______________________________?

2. 我会做冬阴功。

______________________________。

3. 泰国菜很好吃。

______________________________。

语法与句型 Grammar and Sentence Pattern

（一）看图片，选择正确的对话

Choose the right picture for each dialogue.

Nǐ huì zuò fàn ma?
A：你 会 做 饭 吗？

Wǒ xǐhuan zuò fàn.
(1)B：我 喜欢 做 饭。

Wǒ huì zuò fàn.
(2)B：我 会 做 饭。

Wǒ bú huì zuò fàn.
(3)B：我 不 会 做 饭。

（二）选择合适的选项完成句子

Choose the appropriate alternatives to complete the sentences.

Jiǎ： Nǐ huì zuò fàn ma?
(1)甲：你 会 做 饭 吗？

Yǐ： Wǒ
乙：我________。

huì
A. 会

xiǎng
B. 想

Jiǎ： Wǒ huì zuò fàn， nǐ ne?
(2)甲：我 会 做 饭，你 呢？

Yǐ： Wǒ huì zuò fàn.
乙：我________会 做 饭。

yě
A. 也

dou
B. 都

Jiǎ： Wǒ bú huì zuò fàn， nǐ ne?
(3)甲：我 不 会 做 饭，你 呢？

Yǐ： Wǒ yě zuò fàn.
乙：我 也________做 饭。

huì
A. 会

bú huì
B. 不 会

Jiǎ: tā huì zuò fàn?
(4)甲：________他 会 做 饭？

Yǐ: Shìde, tā huì.
乙：是的，他 会。

Xǐhuan / Tīngshuō
A. 喜欢　　　B. 听说

汉字书写 Character Writing

（一）书写下列汉字

Write the following Chinese characters.

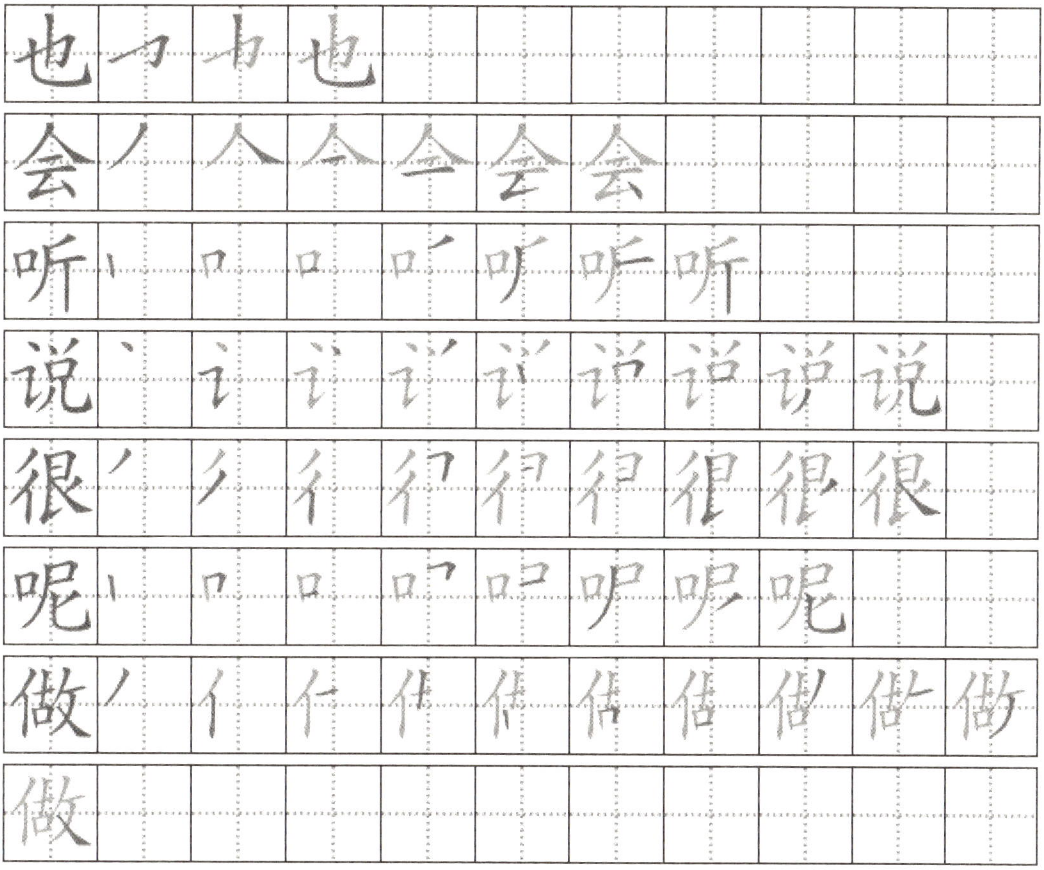

（二）选择正确的汉字

Choose the correct Chinese characters.

(1)你______做饭吗？ （Nǐ ______ zuò fàn ma?）　　云　会

(2)我_____会做饭！ （Wǒ _____ huì zuò fàn!）　　也　他

(3)我会做饭，你_____？ （Wǒ huì zuò fàn, nǐ _____?）　　呢　尼

(4)我_____喜欢做饭。 （Wǒ _____ xǐhuan zuò fàn.）　　很　狠

（三）看汉字，找出含有下列偏旁的汉字

Look at the characters and group them according to the radicals.

A 很	B 馆	C 饿	D 往	E 饱	F 徐
G 饮	H 行	I 徘	J 馋	K 得	L 饭

1. 彳：________________________________

2. 饣：________________________________

第八课　你喜欢打羽毛球吗
Do you like playing badminton

一、热身 Warm-up

看图片，说出这些运动的名称。

Look at the pictures and name the sports.

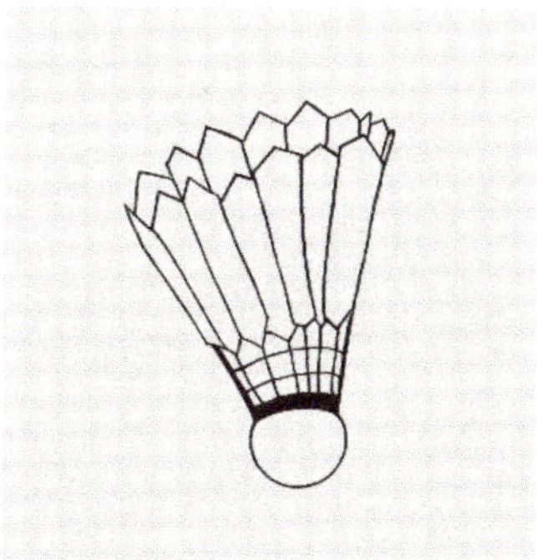
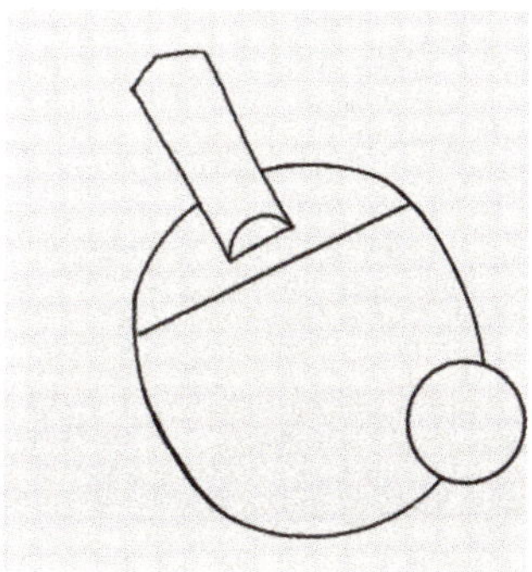

二、课文 Text

课文 1.

Nǐ xǐhuan shénme yùndòng?
A：你 喜欢 什么 运动？

Wǒ xǐhuan dǎ yǔmáoqiú, nǐ ne?
B：我 喜欢 打 羽毛球，你 呢？

Wǒ yě xǐhuan, zhōumò wǒmen yìqǐ qù tǐyùguǎn dǎ qiú hǎo ma?
A：我 也 喜欢，周末 我们 一起 去 体育馆 打 球 好 吗？

Hǎo de, méi wèntí.
B：好 的，没 问题。

生词 New Words

1. 运动 yùndòng *n.* sport
2. 打 dǎ *v.* to play (ball)
3. 羽毛球 yǔmáoqiú *n.* badminton
4. 体育馆 tǐyùguǎn *n.* gymnasium

课文 2.

Míngtiān xiàwǔ wǒmen qù dǎ lánqiú hǎo ma?
A：明天 下午 我们 去 打 篮球 好 吗？

Rúguǒ bú xià yǔ jiù qù.
B：如果 不 下 雨 就 去。

Rúguǒ míngtiān xià yǔ, wǒmen jiù qù kàn diànyǐng.
A：如果 明天 下 雨，我们 就 去 看 电影。

Hǎo zhǔyi, míngtiān jiàn.
B：好 主意，明天 见。

生词 New Words

5. 明天 míngtiān *n.* tomorrow
6. 篮球 lánqiú *n.* basketball
7. 如果 rúguǒ *conj.* if
8. 下雨 xià yǔ *v.* to rain

9. 电影 diànyǐng *n.* film, movie
10. 主意 zhǔyi *n.* idea

课文 3.

Tǐyùguǎn lǐmiàn de rén zhēn duō!
A：体育馆 里面 的 人 真 多！

Méi cuò, hěn duō Zhōngguó rén dōu xǐhuan yùndòng.
B：没 错，很 多 中国 人 都 喜欢 运动。

Zài Zhōngguó zuì shòu huānyíng de yùndòng yǒu nǎxiē ne?
A：在 中国 最 受 欢迎 的 运动 有 哪些 呢？

Yǒu hěn duō, bǐrú: lánqiú、zúqiú、yǔmáoqiú hé pīngpāngqiú.
B：有 很 多，比如：篮球、足球、羽毛球 和 乒乓球。

生词 New Words

11. 真 zhēn *adv.* really
12. 没错 méi cuò *adj.* right
13. 最 zuì *adv.* most
14. 受欢迎的 shòu huānyíng de *adj.* popular
15. 哪些 nǎxiē *pron.* which
16. 乒乓球 pīngpāngqiú *n.* table tennis

三、注释 Notes

1. 连动句：去＋地方＋做什么 Sentences with a Serial Verb Construction: 去 + place + to do sth

连动句的谓语部分由两个或两个以上动词构成，后一个动词可以表示前一个动词的目的。第一个动词后表示地点的宾语有时可以省略。

The predicate part of a serial verb construction consists of two or more verbs. The latter verb may indicate the purpose of the former. The object of place after the first verb can sometimes be omitted.

例如：

(1)他去中国学汉语。

(2)我们去教室学习。

2. 连词“如果”用来表示某事可能、将要、或许会发生或是真的。

The conjunction “如果” can be used to indicate that something could, would or might happen or be true.

例如：

(1)如果她来，请告诉我。

(2)如果明天不下雨，我们就去打羽毛球。

3. 程度副词“最”通常放在形容词或心理动词前，表示在同类事物中占第一位。

The adverb of degree “最” is usually placed before an adjective or mental verb to indicate it is the first among things of the same kind.

例如：

(1)最新

(2)最高

(3)最喜欢

(4)最受欢迎

四、汉字学习 Learning Characters

1. 汉字的偏旁“辶”和“扌”

Chinese Radicals: “辶” and “扌”

走之旁“辶”：运

提手旁“扌”：把

2. 汉字组合

Composition of Chinese Characters

走之旁“辶”例字	提手旁“扌”例字
运 yùn	打 dǎ
进 jìn	提 tí
边 biān	找 zhǎo

五、练习 Exercises

语音 Pronunciation

（一）听录音，选择听到的双音节词语

Listen to the recording and mark the disyllabic words you hear.

1. yùndòng yá tòng
2. lánqiú bǎnqiú
3. yǒuqù yìqǐ
4. dà yǔ diànyǐng
5. zhǔyì zhǔxí
6. xiàwǔ xiǎo wū
7. hǎo duō hěn duō
8. fǎnxǐng fǎnyìng

（二）把下列拼音填写完整

Fill in the blanks to complete the *pinyin*.

1. 喜欢 ___ǐ___uan
2. 运动 ___ùn___òng
3. 羽毛球 y___áo___iú
4. 周末 ___ōum___
5. 下雨 ___ià y___
6. 如果 r___uǒ
7. 明天 ___íng ___iān
8. 没错 ___éi ___uò
9. 体育馆 t___y___uǎn
10. 乒乓球 p___p___qiú

（三）给下列句子注音

Write the *pinyin* for the following sentences.

1. 我最喜欢的运动是踢足球。

____。

2. 明天去学校打乒乓球。

____。

3. 很多人都喜欢去体育馆。

____。

语法与句型 Grammar and Sentence Pattern

（一）看问题，选择正确的回答

Read the questions and choose the right answer to each of them.

Wǒ xǐhuan dǎ lánqiú, nǐ ne?
1. 我 喜欢 打 篮球，你 呢？

Tā xǐhuan yùndòng ma?
2. 他 喜欢 运动 吗？

Wǒmen qù tǐyùguǎn dǎ qiú hǎo ma?
3. 我们 去 体育馆 打 球 好 吗？

Zhōumò yǒu shíjiān ma?
4. 周末 有 时间 吗？

Wǒmen qù dǎ qiú háishi kàn diànyǐng?
5. 我们 去 打 球 还是 看 电影？

Duìbuqǐ, wǒ zhōumò yào xuéxí.
A. 对不起，我 周末 要 学习。

Wǒ xǐhuan dǎ yǔmáoqiú.
B. 我 喜欢 打 羽毛球。

Jīntiān xià yǔ, wǒmen háishi qù kàn diànyǐng ba.
C. 今天 下 雨，我们 还是 去 看 电影 吧。

Tā hěn xǐhuan dǎ lánqiú.
D. 他 很 喜欢 打 篮球。

Méi wèntí, wǒmen zǒu ba.
E. 没 问题，我们 走 吧。

（二）看句子，选择正确的词语填空

Read the sentences and choose the right words to fill in the brackets.

A 打 (dǎ)　B 足球 (zúqiú)　C 看 (kàn)　D 最 (zuì)　E 下雨 (xià yǔ)

Yǔmáoqiú shì wǒ (　) xǐhuan de yùndòng.
1. 羽毛球 是 我（　　）喜欢 的 运动。

Míngtiān shàngwǔ wǒmen qù tǐyùguǎn (　) lánqiú hǎo ma?
2. 明天 上午 我们 去 体育馆（　　）篮球 好 吗？

Wǒ bú huì dǎ pīngpāngqiú, dàn wǒ xǐhuan (　) pīngpāngqiú bǐsài.
3. 我 不 会 打 乒乓球，但 我 喜欢（　　）乒乓球 比赛。

Jīntiān xiàwǔ rúguǒ (　) wǒmen jiù bù néng chūqu le.
4. 今天 下午 如果（　　）我们 就 不 能 出去 了。

Tī (　) tài lèi, wǒmen háishi zài sùshè kàn diànyǐng ba.
5. 踢（　　）太 累，我们 还是 在 宿舍 看 电影 吧。

（三）把括号里的词填入合适的位置

Put the words into the appropriate place.

Wǒ jīngcháng tǐyùguǎn yùndòng　qù
1. 我 A 经常 B 体育馆 运动 C。　（去）

Tā shì wǒmen bān lánqiú dǎ de hǎo de. zuì
2. 他 A 是 我们 班 篮球 B 打 得 C 好 的。（最）

jiānchí yùndòng, shēntǐ jiù huì hǎo. rúguǒ
3. A 坚持 B 运动，身体 C 就 会 好。（如果）

xuésheng zuì xǐhuan de yùndòng yǒu nǎxiē
4. A 学生 最 喜欢 B 的 运动 有 C？（哪些）

（四）将下列词语组成句子

Make up sentences with the following words.

yǔmáoqiú shì dǎ de wǒ zuì xǐhuan yùndòng
1. 羽毛球 是 打 的 我 最 喜欢 运动

____。

kěyǐ dǎ xuéxiào pīngpāngqiú tǐyùguǎn
2. 可以 打 学校 乒乓球 体育馆

____。

xīngqī wǔ lánqiú qù dǎ wǒmen hǎo ma
3. 星期 五 篮球 去 打 我们 好 吗

____？

bú shàng kè tī zúqiú rúguǒ wǒ xiǎng qù
4. 不 上 课 踢 足球 如果 我 想 去

____。

汉字书写 Character Writing

（一）根据拼音写汉字

Write Chinese characters according to the *pinyin*.

Tàiguó rén zuò shénme
1. 泰国 人 xǐhuan（ ）做 什么 yùndòng（ ）？

Míngtiān huì wǒmen bú yào qù le.
2. 明天 会 xià yǔ（ ），我们 不 要 去 tī zúqiú（ ）了。

zhōumò kěyǐ ma?
3. Tǐyùguǎn（ ）周末 可以 dǎ lánqiú（ ）吗？

Pīngpāngqiú zài fēicháng
4. 乒乓球 在 Zhōngguó（ ）非常 shòu huānyíng（ ）。

Tā shì wǒmen bān dǎ de zuì hǎo de.
5. 他 是 我们 班 yǔmáoqiú(　　　)打 得 zuì hǎo(　　　)的。

（二）选择正确的汉字

Choose the correct Chinese characters.

Nǐ xǐhuan dǎ qiú ma?
(1)你 喜欢 打______球 吗？ 　　【蓝　篮】

Wǒmen zhōu qù yùndòng.
(2)我们 周______去 运动。 　　【末　未】

Tī zúqiú shì zuì huānyíng de yùndòng.
(3)踢 足球 是 最______欢迎 的 运动。 　　【受　爱】

Jīntiān de tiān zěnmeyàng?
(4)今天 的 天______怎么样？ 　　【汽　气】

（三）看汉字，找出含有下列偏旁的汉字

Look at the characters and group them according to the radicals.

A 退　B 提　C 拉　D 迅　E 扫　F 还
G 抬　H 连　I 挤　J 遗　K 拼　L 途

1. 辶：____________________________
2. 扌：____________________________

第九课　今天几号

What's the date today

一、热身 Warm-up

看图片并说出下列中国传统食物的名称。

Look at the pictures and name the following traditional Chinese food.

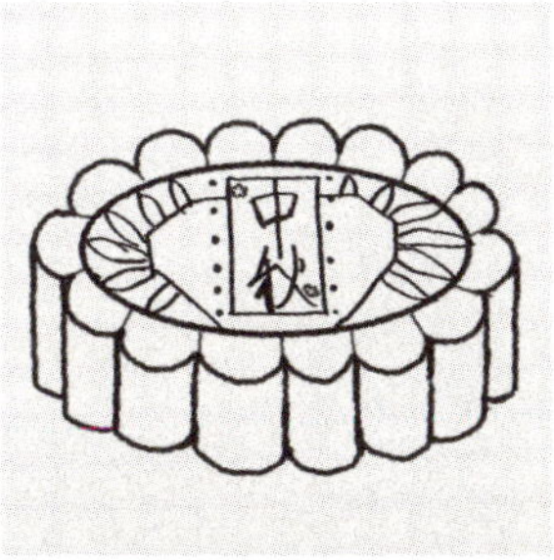

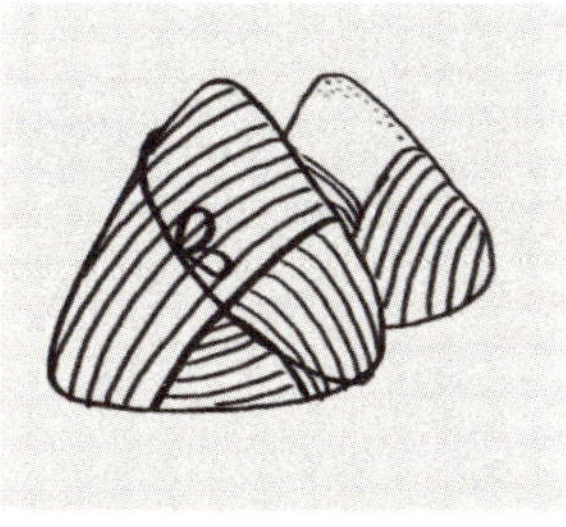

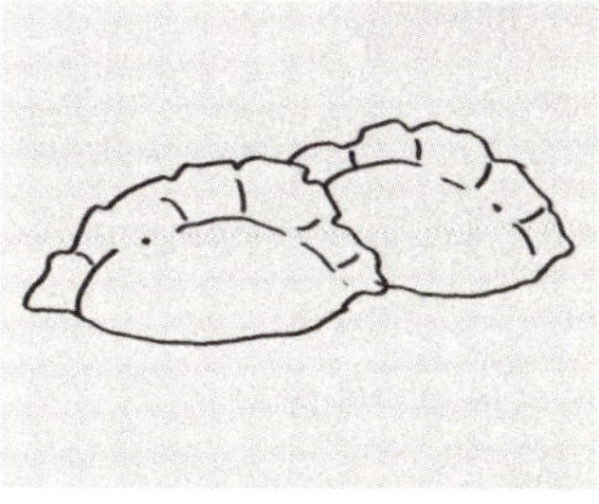

二、课文 Text

课文 1.

Míngtiān shì wǒ de shēngrì, yìqǐ lái wǒ jiā chīfàn ba.
A：明天 是 我 的 生日，一起 来 我 家 吃饭 吧。

Míngtiān shì jǐ hào?
B：明天 是 几 号？

Shì shíyī yuè sì hào.
A：是 十一 月 四 号。

Hǎo de, méi wèntí, dào shíhou jiàn.
B：好 的，没 问题，到 时候 见。

生词 New Words

1. 一起 yìqǐ *adv.* together
2. 几 号 jǐ hào *quant.* (what) date
3. 到时候 dào shíhou *adv.* then

课文 2.

Shǔjià nǐ yǒu shénme ānpái ma?
A：暑假 你 有 什么 安排 吗？

Jiàqī wǒ yào huí jiā péi fùmǔ jǐ tiān.
B：假期 我 要 回 家 陪 父母 几 天。

Nǐ dǎsuàn shénme shíhou huíqu ne?
A：你 打算 什么 时候 回去 呢？

Jīntiān qī yuè shí hào, wǒ dàgài qī yuè èrshí hào huíqu.
B：今天 七 月 十 号，我 大概 七 月 二十 号 回去。

生词 New Words

4. 暑假 shǔjià *n.* summer vacation
5. 安排 ānpái *n.* plan/arrangement
6. 假期 jiàqī *n.* holiday
7. 陪 péi *v.* to accompany
8. 打算 dǎsuàn *v.* to intend

9. 大概 dàgài *adv.* probably

课文 3.

Shāngchǎng li zhēn rènao!
A：商场 里 真 热闹！

Shì a, mǎshàng yào guò Chūnjié le.
B：是 啊，马上 要 过 春节 了。

Jīnnián de Chūnjié shì jǐ hào?
A：今年 的 春节 是 几 号？

Jīnnián de Chūnjié shì yī yuè èrshí'èr hào.
B：今年 的 春节 是 一 月 二十二 号。

生词 New Words

10. 热闹 rènao *adj.* lively
11. 马上 mǎshàng *adv.* soon
12. 春节 Chūnjié *n.* the Spring Festival

三、注释 Notes

1. 疑问代词“儿”可用于询问数量，常用于询问 10 以内的数量。

The interrogative pronoun“儿”can be used to ask about number, usually less than 10.

例如：

① 几天可以完工？

② 你家有几口人？

③ 一般你早晨几点醒？

疑问代词“几”和“多少”都有询问数量的意思。区别在于：

The interrogative pronouns “几” and “多少” both mean to ask about number. The differences are:

（1）“几”后面可接量词。“多少”后面的量词分为两种，一种必须省略，另一种可以省略。

“几” is followed by a measure word. There are two kinds of measure word after “多少”, one must be omitted, and the other can be omitted.

例如：

① 你喝了几瓶可乐？√

② 你喝了多少(瓶)可乐？√

③ 这个面包多少钱？√

④ 这个面包几块钱?√

⑤ 这个面包多少块钱?×

(2)“几”可用于询问具体的时间点(point of time),“多少”则不能。询问时间段(duration of time)时,既可以用“几”也可以用“多少”。

“几”can be used to ask for a specific point of time, “多少” cannot. When asking for a duration of time, you can use either “几” or “多少”.

例如:

① 现在几点了?√

② 现在多少点了?×

③ 你休了几天假?√

④ 你休了多少天假?√

(3)询问电话号码或账号时只能用“多少”。

Only can“多少”be used when asking for a phone number or account number.

例如:

① 您的电话号码/银行账号/护照号是多少?√

② 您的电话号码/银行账号/护照号是几?×

(4)询问价钱较低的商品时可用“几”或“多少”。但询问价格比较高的东西时,需要用“多少”。

“几” or “多少” can be used when asking about a lower price item. But when you're asking about something that costs more, you can use “多少”.

例如:

① 这个面包几块钱?√

② 这个面包多少钱?√

③ 这辆车多少钱?√

④ 这辆车几块钱?×

2. 副词“大概”,用来表示某事很可能发生、是真的或是在预料之中的。

The adverb “大概” is used to indicate that something is likely to happen, to be true or to be expected.

例如:

① 我大概七月二十号回去。

② 小明大概 8 月回泰国。

③ 中国的春节大概在每年 1 月或者 2 月。

3. 中国的节日(Chinese Festivals)

(1)春节(The Spring Festival)

春节是中国人最重要的节日,是所有家庭成员团聚的日子,就像西方的圣诞节一样。根据中国传统的农历,中国的春节,也被称为中国的新年,从新月开始,到满月结束,也就是从农历新年的第一天到第十五天。新年的最后一天(农历正月十五)被称为元宵节。春节的实际日期并不固定,而是根据每年中国农历的变化而变化。

The Spring Festival is the most important festival for the Chinese people, and a time for all family members to get together, just like Christmas in the West. According to the traditional Chinese lunar calendar, the Chinese Spring Festival, also known as the Chinese New Year, begins with the new moon and ends with the full moon, which is from the first day to the fifteenth day of the lunar New Year. The last day of the New Year (the fifteenth day of the first lunar month) is known as the Lantern Festival. The actual date of the Spring Festival is not fixed, but changes from year to year according to the Chinese lunar calendar.

(2)中秋节(The Mid-Autumn Festival)

中秋节是中国农历每年的八月十五日。这一天的月亮被认为是一年中最亮、最大的。对于今天的中国人来说,在中秋节这一天和家人团聚是一种传统。在节日的晚上,全家人坐在一起赏月、吃月饼。在中国人看来,家庭非常重要。因此,中秋节在中国传统节日中占有非常重要的地位。此外,中秋节也被称为"丰收节",因为此时各种各样的农作物都成熟了。

The Mid-Autumn Festival falls on the 15th day of the eighth month of the Chinese lunar calendar. The moon on this day is believed to be the brightest and biggest of the year. It is traditional for Chinese people today to get together with their families on Mid-Autumn Day. On the night of the Mid-Autumn Festival, the whole family would sit together to enjoy the moon and eat moon cakes. Family is very important to Chinese people. Therefore, the Mid-Autumn Festival occupies a very important position in Chinese traditional festivals. In addition, the Mid-Autumn Festival is also called the Harvest Festival, because various crops are ripe at this time.

(3)端午节(The Duanwu Festival)

端午节又称龙舟节,是中国四大传统节日之一,与春节、中秋节和清明节并列。端午节在中国农历每年五月初五。在那一天中国人通常会用赛龙舟和吃粽子的方式来庆祝节日。端午节现在是中国的法定节假日。2009 年 9 月,联合国教科文组织将端午节列入非物质文化遗产名录,这是中国首个获此殊荣的节日。

The Duanwu Festival, also known as the Dragon Boat Festival, is one of the four traditional Chinese festivals, alongside the Spring Festival, the Mid-Autumn Festival and the Qingming Festival. The Duanwu Festival falls on the 5th day of the 5th lunar month every year. Chinese people usually race dragon boats and eat Zongzi on that day to celebrate the festival. The Duanwu Festival is now an official holiday in China. In September 2009, UNESCO added the Duanwu Festival to the Intangible Cultural Heritage list, which is the first Chinese festival to receive the honor.

四、汉字学习 Learning Characters

1. 汉字的偏旁"日"和"阝"(左)

Chinese Radicals: "日" and "阝"

日字旁“日”：明
双耳旁“阝”(左耳旁)：阴
2. 汉字组合
Composition of Chinese Characters

日字旁“日”例字		双耳旁“阝”(左)例字	
星	xīng	陪	péi
是	shì	院	yuàn
时	shí	阳	yáng

五、练习 Exercises

语音 Pronunciation

(一)听录音，选择听到的双音节词语

Listen to the recording and mark the disyllabic words you hear.

1. jùhào　jǐ hào
2. chī fàn　chūfā
3. shuì jiào　shūjià
4. jùtǐ　jǐ tiān
5. dǎ qiú　dàsài
6. dàgài　dùguò
7. rènao　rěnnài
8. gōngnéng　guò nián

(二)把下列拼音填写完整

Fill in the blanks to complete the *pinyin*.

1. 生日　___ēng___ì
2. 一起　___ì___ǐ
3. 星期三　x___q___ ___ān
4. 安排　___p___
5. 回家　___uí j___
6. 父母　f___m___
7. 大概　d___g___
8. 热闹　___e___ao
9. 商场　sh___ch___
10. 春节　Ch___j___

（三）给下列句子注音

Write the *pinyin* for the following sentences.

1. 星期五是几号？

______________________________？

2. 我大概下星期三回家。

______________________________。

3. 在中国过春节很热闹。

______________________________。

语法与句型 Grammar and Sentence Pattern

（一）看问题，选择正确的回答

Read the questions and choose the right answer to each of them.

Wǒmen jǐ hào fàng jià? 1. 我们 几 号 放 假？	Shì Értóng Jié. A. 是 儿童 节。
Zhōumò nǐ yǒu shénme ānpái? 2. 周末 你 有 什么 安排？	Mǎshàng jiù hǎo le. B. 马上 就 好 了。
Liù yuè yī hào shì shénme jié? 3. 六 月 一 号 是 什么 节？	Xīngqī liù qù kàn diànyǐng, xīngqītiān zuò zuòyè. C. 星期 六 去 看 电影，星期天 做 作业。
Wǒmen xià xīngqī jǐ kǎoshì? 4. 我们 下 星期 几 考试？	Yī yuè shí hào. D. 一 月 十 号。
Nǐde zuòyè zuò wán le ma? 5. 你的 作业 做 完 了 吗？	Xīngqī èr. E. 星期 二。

（二）看句子，选择正确的词语填空

Read the sentences and choose the right words to fill in the brackets.

A 陪 (péi)　B 热闹 (rènao)　C 过 (guò)　D 比 (bǐ)　E 打算 (dǎsuàn)

Xià gè yuè èrshí hào jiù yào (　) Chūnjié le.
1. 下 个 月 二十 号 就 要(　　)春节 了。

Míngnián shǔjià wǒ (　) qù Běijīng.
2. 明年 暑假 我(　　)去 北京。

Zhōumò nǐ néng wǒ qù shāngchǎng ma?
3. 周末 你 能(　　)我 去 商场 吗?

Nǐmen zhèli de gōngyuán zhēn
4. 你们 这里 的 公园 真(　　)。

Xià cì kǎoshì wǒ yídìng yào kǎo de zhè cì hǎo.
5. 下 次 考试 我 一定 要 考 的(　　)这 次 好。

(三)把括号里的词填入合适的位置

Put the words into the appropriate places.

Zhège shǔjià wǒmen qù Tàiguó lǚyóu hǎo ma? yìqǐ
1. 这个 暑假 A 我们 B 去 C 泰国 旅游 好 吗? (一起)

Wǒ shí yuè fèn huì qù Běijīng xuéxí. dàgài
2. 我 A 十 月 份 会 B 去 北京 C 学习。 (大概)

Tiānqì tài rè le, wǒ bù chūqu pǎobù. dǎsuàn
3. 天气 A 太 热 了,我 不 B 出去 C 跑步。 (打算)

Jīnnián dōngtiān qùnián dōngtiān lěng hěn duō. bǐ
4. 今年 A 冬天 B 去年 冬天 C 冷 很 多。 (比)

(四)将下列词语组成句子

Make up sentences with the following words.

dǎsuàn Kūnmíng jǐ hào qù nǐ
1. 打算 昆明 几 号 去 你

____?

èrshísān hào shēngrì tāde shì zài shí yuè
2. 二十三 号 生日 她的 是 在 十 月

____。

shì Chūnjié xǐhuan de wǒ zuì jiérì
3. 是 春节 喜欢 的 我 最 节日

____。

shàng kè xiàwǔ ma zhège yào xīngqī wǔ
4. 上 课 下午 吗 这个 要 星期 五

____?

汉字书写 Character Writing

(一) 根据拼音写汉字

Write Chinese characters according to the *pinyin*.

Nǐ zhīdào zhège shì ma?
1. 你 知道 这个 xīngqī sān(　　)是 jǐ hào(　　)吗?

Xià ge yuè yī hào tā yào liǎng tiān.
2. 下 个 月 一 号 fàng jià(　　),他 要 huí jiā(　　)两 天。

Chūnjié shì zài měi nián de yī yuè huò
3. 春节 dàgài(　　)是 在 每 年 的 一 月 或 èr yuè(　　)。

Wǒ míngtiān de shì kàn shū.
4. 我 明天 shàngwǔ(　　)的 ānpái(　　)是 看 书。

Zhōumò wǒ yào qù nǐ néng qù ma?
5. 周末 我 要 去 shāngchǎng(　　),你 能 péi wǒ(　　)去 吗?

(二) 选择正确的汉字

Choose the correct Chinese characters.

Xià ge yuè qī shì xīngqī sān.
(1)下 个 月 七______是 星期 三。

天	号

Tàiguó rènao de jiérì shì shénme?
(2)泰国______热闹 的 节日 是 什么?

最	太

Nǐ zhīdào Chūnjié chī shénme ma?
(3)你 知道 春节______吃 什么 吗?

想	要

Zhōumò wǒ dǎsuàn péngyou jiā.
(4)周末 我 打算______朋友 家。

回	去

（三）看汉字，找出含有下列偏旁的汉字

Look at the characters and group them according to the radicals.

A 星	B 昨	C 阿	D 旦	E 晒	F 阵
G 陆	H 旱	I 陈	J 旺	K 防	L 队

1. 日：________________________________
2. 阝：________________________________

第十课　周末你有什么安排
What are your plans for the weekend

一、热身 Warm-up

看图片,与同学们讨论。

Look at the pictures and discuss with classmates.

1. 课余时间你喜欢做什么?
2. 周末是指哪段时间?

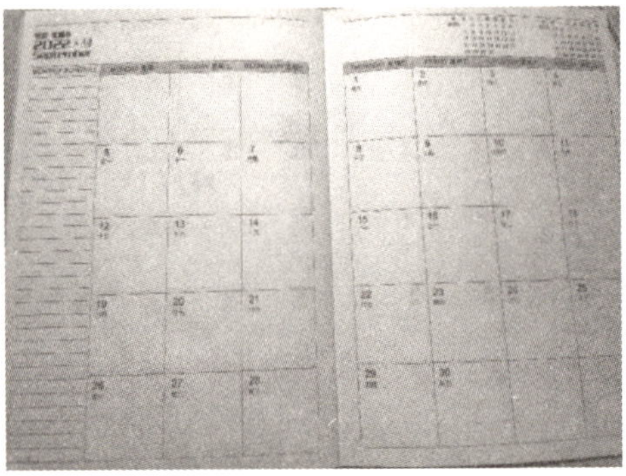

二、课文 Text

课文 1.

Nǐ měi tiān xiàwǔ dōu zài jiā kàn shū ma?
A：你 每 天 下午 都 在 家 看 书 吗?

Bù, wǒ píngshí zài jiā kàn shū, zhōumò qù yùndòng.
B：不，我 平时 在 家 看 书，周末 去 运动。

生词 New Words

1. 平时 píngshí *n.* ordinary times
2. 周末 zhōumò *n.* weekend

课文 2.

Xīngqītiān nǐ yǒu shíjiān ma? Wǒmen yìqǐ qù kàn diànyǐng, zěnmeyàng?
A：星期天 你 有 时间 吗？我们 一起 去 看 电影，怎么样？

Tài hǎo le, wǒ yǒu shíjiān.
B：太 好 了，我 有 时间。

生词 New Words

3. 怎么样 zěnmeyàng *pron.* how
4. 太好了 tài hǎo le great, wonderful

课文 3.

Nǐ zhège zhōumò gàn shénme?
A：你 这个 周末 干 什么？

Wǒ xiǎng dǎsǎo yíxià fángjiān, hái xiǎng qù chāoshì mǎi dōngxi.
B：我 想 打扫 一下 房间，还 想 去 超市 买 东西。

生词 New Words

5. 打扫 dǎsǎo *v.* to clean, to sweep
6. 超市 chāoshì *n.* supermarket

三、注释 Notes

1. 副词"都(1)"通常表示全部，所总括的对象必须放在"都"的前面。

The adverb "都" usually means "both/all". The people or objects included are put before "都".

例如：

(1)我们都是中国人。

(2)他们都喜欢喝茶。

(3)这些都是王芳的东西。

2. 疑问代词"怎么样"可用来询问某事或某人的状况。

The interrogative pronoun "怎么样" can be used to ask about the condition of something or someone.

例如：

(1)你的汉语怎么样？

(2)你妈妈身体怎么样？

(3)明天天气怎么样？

3. "一下" The Numeral Classifier "一下"

a. 指一次短暂的动作，动作强度也相对轻。

It indicates a short action, which is relatively relaxing.

例如：天气真好，我们去运动一下吧！

b. 表时间短，带轻松、缓和的语气。

It indicates a short time, with a relaxed and calm mood.

例如：我们商量一下再给你答复。

四、汉字学习 Learning Characters

1. 汉字的偏旁"走"和"阝"

Chinese Radicals: "走" and "阝"

走字旁“走”：超
右耳刀旁“阝”：都
2. 汉字组合
Composition of Chinese Characters

走字旁“走”例字		右耳刀旁“阝”例字	
超	chāo	都	dōu
起	qǐ	那	nà
越	yuè	邮	yóu

五、练习 Exercises

语音 Pronunciation

（一）听录音，选择听到的双音节词语

Listen to the recording and mark the disyllabic words you hear.

1. píngshí píngguǒ
2. zhōudào zhōumò
3. yùnshū yùnxíng
4. diànnǎo diànshì
5. shíjiān shíkōng
6. chāoshì chāoshí
7. fángwū fángjiān
8. dǎsǎo dǎ sǎn

（二）把下列拼音填写完整

Fill in the blanks to complete the *pinyin*.

1. 看书 ___àn ___ū
2. 平时 ___íng___í
3. 周末 ___ōu___ò
4. 打扫 ___ǎ___ǎo
5. 东西 d___x___
6. 运动 y___d___
7. 电影 d___y___
8. 怎么样 z___m___y___

（三）给下列句子注音

Write the *pinyin* for the following sentences.

1. 我每个周末都去运动。

______________________________。

2. 星期天我们一起去看电影。

______________________________。

3. 我想打扫一下房间。

______________________________。

语法与句型 Grammar and Sentence Pattern

（一）看图片，选择正确的句子

Choose the right picture for each dialogue.

A

B

C

D

Chāoshì wǎng nàbiān zǒu.
1. 超市 往 那边 走。(　　)

Wǒmen yìqǐ chī zǎocān ba.
2. 我们 一起 吃 早餐 吧。(　　)

Xīngqī yī dào xīngqī wǔ, wǒmen dōu yǒu kè.
3. 星期 一 到 星期 五,我们 都 有 课。(　　)

Wǒ zuì xǐhuan de yùndòng shì pá shān.
4. 我 最 喜欢 的 运动 是 爬 山 。(　　)

（二）看问题，选择正确的回答

Read the questions and choose the right answer to each of them.

Xīngqītiān shàngwǔ, nǐ yǒu shénme ānpái?
1. 星期天 上午 ,你 有 什么 安排?

Nǐ lái Zhōngguó gàn shénme?
2. 你来 中国 干 什么?

Nǐ zhōumò xǐhuan gàn shénme?
3. 你 周末 喜欢 干 什么?

Nǐ jīntiān yǒu shíjiān ma?
4. 你 今天 有 时间 吗?

Wǒ lái xué Hànyǔ.
A. 我 来 学 汉语。

Wǒ xiǎng dǎsǎo yíxià fángjiān.
B. 我 想 打扫 一下 房间 。

Wǒ xiǎng qù túshūguǎn kàn shū.
C. 我 想 去 图书馆 看 书。

Wǒ xǐhuan qù yùndòng.
D. 我 喜欢 去 运动 。

（三）把括号里的词填入合适的位置

Put the words into the appropriate places.

Wǒ měi tiān shàng Hànyǔ kè dōu
1. 我 A 每 天 B 上 汉语 课 C。(都)

wǒ chuān zhè jiàn yīfu zěnmeyàng
2. A 我 B 穿 这 件 衣服 C? (怎么样)

Shǔjià wǒmen qù lǚyóu ba yìqǐ
3. 暑假 A 我们 B 去 旅游 吧 C。(一起)

Dàjiā dǎsǎo jiàoshì yíxià
4. 大家 A 打扫 B 教室 C。 (一下)

汉字书写 Character Writing

（一）根据拼音写汉字

Write Chinese characters according to the *pinyin*.

Wǒ shàng kè, qù pá shān.
1. 我 píngshí(　　)上 课，zhōumò(　　)去 爬 山。

Jiàqī li wǒ xǐ huan hé
2. 假期 里 我 喜欢 yùndòng(　　)和 kàn shū(　　)。

Zhège fángjiān hěn zāng, yào xiān
3. 这个 房间 很 脏，要 先 dǎsǎo yíxià(　　)。

Míngtiān wǒmen qù túshūguǎn
4. 明天 我们 去 图书馆 zěnmeyàng(　　)?

（二）看汉字，找出含有下列偏旁的汉字

Look at the characters and group them according to the radicals.

A 都　　B 超　　C 起　　D 郁
E 趣　　F 邓　　G 赵　　H 郊

1. 走：________________
2. 阝：________________

第十一课　留学生宿舍在哪儿

Where is the dormitory for international students

一、热身 Warm-up

看图片,选出图片地点的正确名称。

Look at the pictures and choose the correct names.

jiàoshì ①教室	sùshè ②宿舍	shāngdiàn ③ 商店
wèishēngjiān ④ 卫生间	yīyuàn ⑤医院	

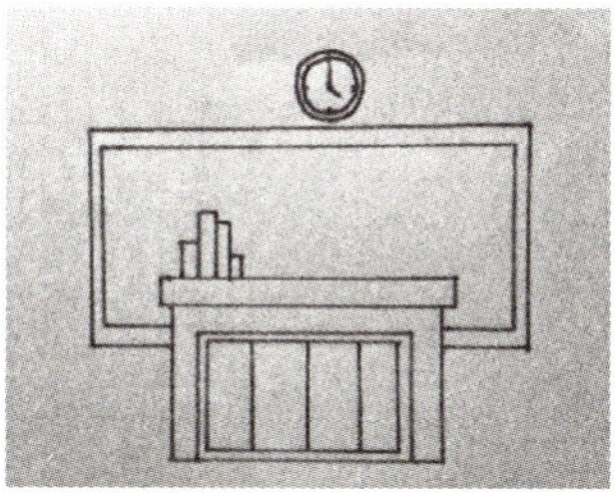

____

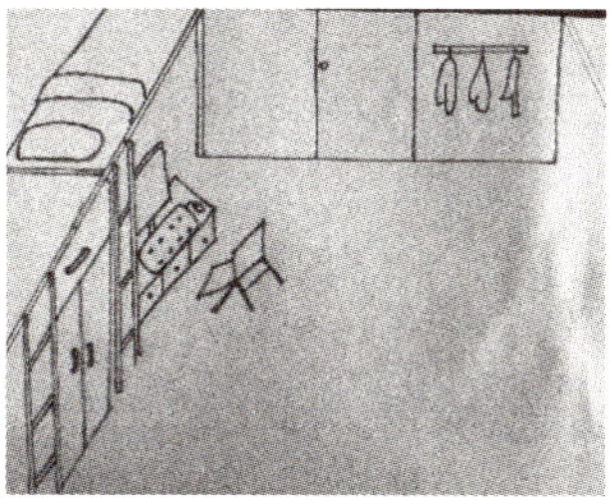

____

____

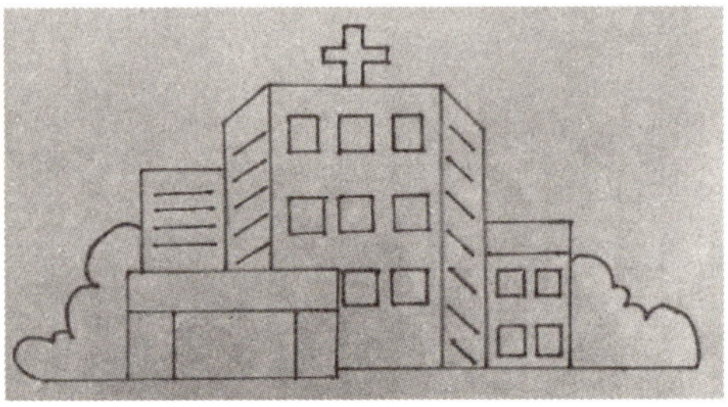

二、课文 Text

课文 1.

　Nǐ hǎo. Qǐngwèn, liúxuéshēng sùshè zài nǎr?
A：你 好。请 问，留学生 宿舍 在 哪儿？

　Zài nàr, zài xuésheng shāngdiàn de zuǒbian.
B：在 那儿，在 学生 商店 的 左边。

　Hǎo de, xièxie nǐ.
A：好 的，谢谢 你。

生词 New Words

1. 学生 xuésheng *n.* student
2. 宿舍 sùshè *n.* dormitory
3. 那儿 nàr *pron.* there
4. 商店 shāngdiàn *n.* store
5. 左边 zuǒbian *n.* left side

课文 2.

　Lǐ Huá zài nǎr?
A：李 华 在 哪儿？

　Lǐ Huá zài jiàoshì lǐmiàn.
B：李 华 在 教室 里面。

　Shì ma? Wǒ méiyǒu kàn dào.
A：是 吗？我 没有 看 到。

　Tā zài Wáng Fāng de yòubian.
B：他 在 王 芳 的 右边。

生词 New Words

6. 教室 jiàoshì *n.* classroom
7. 里面 lǐmiàn *n.* inside
8. 右边 yòubian *n.* right side

课文 3.

Nǐ hǎo. Qǐngwèn jiàoshì zài nǎr?
A：你 好。请问 303 教室 在 哪儿？

Duìbuqǐ, wǒ bù zhīdào. Nǐ kěyǐ wènwen nà wèi lǎoshī.
B：对不起，我 不 知道。你 可以 问问 那 位 老师。

Hǎo de, xièxie nǐ.
A：好 的，谢谢 你。

Lǎoshī, nín hǎo! Qǐngwèn jiàoshì zěnme zǒu?
A：老师，您 好！请问 303 教室 怎么 走？

Cóng zhèli wǎng qián zǒu, zài wèishēngjiān de pángbiān.
C：从 这里 往 前 走，在 卫生间 的 旁边 。

Xièxiè lǎoshī.
A：谢谢 老师。

Bú kèqi.
C：不 客气。

生词 New Words

9. 对不起 duìbuqǐ *v.* to be sorry
10. 知道 zhīdào *v.* to know
11. 可以 kěyǐ *aux.* can
12. 卫生间 wèishēngjiān *n.* toilet
13. 旁边 pángbiān *n.* beside

三、注释 Notes

1. 方位的表达 Expression of Location

表示具体位置时，用“名词+的+上面/下面/前面/后面/里面/外面/对面/左边/右边”，其中，“的”可以省略。

The structure “名词+的+上面/下面/前面/后面/里面/外面/左边/右边” is used to

indicate a specific location, in which, “的”can sometimes be omitted.

例如：

(1)小明在李华的左边。

(2)图书馆在宿舍的旁边。

(3)课本在书包里面。

(4)桌子的上面是什么？

(5)盒子的里面是什么？

(6)教室的外面是谁？

2. 介词“从” The Preposition “从”

(1)介词“从”表示起点，后接表示地点的名词，句型为“从+地点名词”。

The preposition “从” means the starting point, followed by the noun of place. The structure pattern is “从+地点名词”.

例如：

① 学生们从宿舍楼走出来。

② 汽车从学校出发。

③ 小明从北京来。

(2)介词“从”还可以与表示时间的名词搭配，句型为“从+时间名词+起/开始”。

The preposition “从” can also collocate with nouns of time. The structure pattern is “从+时间名词+起/开始”.

例如：

① 我们从今天开始上课。

② 从明天起，老师将听写词语。

③ 新的学期从三月份开始。

3. 介词“往” The Preposition “往”

“往”表示动作方向。

“往” represents the direction of the action.

例如：

(1)飞机往东边飞去。

(2)从这里往前走就到了。

4. 询问地点 Inquiring about Locations

(1)在询问地点时，常使用“请问，……在哪儿？”句型。其中，“请问”为礼貌用语，可省略。回答时，使用句型“在+地点”。

The sentence pattern “请问，……在哪儿” is often used to ask about the locations. The phrase “请问”, as a polite expression, sometimes can be omitted. The sentence pattern “在+地点” is used to answer the question.

例如：

A：请问，火车站在哪儿？ B：在那儿。

A：请问，地铁站在哪儿？ B：在马路的对面。

A:你的课本在哪儿? B:在我的书桌上。

A:小林的猫在哪儿? B:在那棵大树下面。

(2)在询问如何到达某一地点时,可使用"请问,去……怎么走?"句型。

The sentence pattern "请问,去……怎么走" can also be used to ask how to get to a certain place.

例如:

A:请问,去百货商场怎么走? B:从这里直走,到路口右转。

A:请问,去机场怎么走? B:乘地铁6号线,在终点站下车。

A:请问,去最近的医院怎么走? B:从这里直走,在路口的左边。

四、汉字学习 Learning Characters

1. 汉字的偏旁"宀"和"刂"

Chinese Radicals: "宀" and "刂"

宝盖"宀":宿

立刀旁"刂":到

2. 汉字组合

Composition of Chinese Characters

宝盖"宀"例字	立刀旁"刂"例字
宿 sù	到 dào
它 tā	列 liè
宝 bǎo	利 lì

五、练习 Exercises

语音 Pronunciation

(一)朗读下列字词

Read the following words aloud.

mó	mò	jī	jǐ	chē	chě	huā	huá
gē	gè	lǚ	lǜ	máng	xiáng	lěng	lǐng
gōng	cōng	chūzūchē	zìxíngchē	dìtiě	qí mǎ	zǒu lù	túshūguǎn
líu xué	Zhōngguó	zhèr	nàr	shāngdiàn			

（二）听录音，写出声母或韵母及声调

Listen to the recording and write down the initials or finals you hear, then add the tone marks.

___uǒ	___ián	___ì	___ān	___ē
z___me	d___lóu	néngyu___	c___sè	zhèl___
K___míng	Chéngd___	Wǔh___	Zh___zhōu	Jǐn___

（三）给下列句子注音

Write the *pinyin* for the following sentences.

1. 留学生宿舍在哪儿？

____?

2. 在那儿。

____。

3. 对不起，我不知道。

____。

4. 火车站在哪儿？

____?

5. 我想从明天开始跑步。

____。

6. 他从北京坐飞机到昆明。

____。

语法与句型 Grammar and Sentence Pattern

（一）参考示例，编写对话

Make up dialogues following the examples.

Qǐngwèn, shūdiàn zài nǎr?
（1）示例：A：请 问，书店 在 哪儿？

Zài sùshè de pángbiān.
B：在 宿舍 的 旁边。

túshūguǎn ① 图书馆	hào jiàoxuélóu 2 号 教学楼	hòumiàn 后面
shítáng ② 食堂	sùshèlóu 宿舍楼	qiánmiàn 前面
Wáng lǎoshī ③ 王 老师	bàngōngshì 办公室	lǐmiàn 里面

Qǐngwèn, Cuìhú Gōngyuán zěnme zǒu?
(2)示例：A：请 问，翠湖 公园 怎么 走？

Yìzhí wǎng qián zǒu, dào shízì lùkǒu yòu zhuǎn.
B：一直 往 前 走，到 十字 路口 右 转。

chāoshì ① 超市	nàbiān 那边	zuǒ 左
shāngdiàn ② 商店	qián 前	yòu 右
kāfēiguǎn ③ 咖啡馆	dōng 东	zuǒ 左

（二）完成对话

Complete the dialogue.

(1) 用“在”“有/没有”“是”填空

Fill the blanks with 在, 有/没有, 是.

Wǒ de Hànyǔ kèběn nǎr?
A：我 的 汉语 课本______哪儿？

zhuōzi shàngmiàn ma?
B：______桌子 上面 吗？

Bú
A：不______。

Shūbāo lǐmiàn ma?
B：书包 里面______吗？

Shūbāo lǐmiàn yě
A：书包 里面 也______。

Nǐ kàn, nà shénme?
B：你 看，那______什么？

À! zhèr!
A：啊！______这儿！

(2)写出合适的句子

Fill the blanks with proper sentences.

Qǐngwèn, qù jīchǎng zěnme zǒu?
A：请问，去 机场 怎么 走？

wǒ bù zhīdào.
B：________________，我 不 知道。

Méi guānxi. Wǒ wènwen nàge rén.
A：没 关系。我 问问 那个 人。

Qǐngwèn,
A：请问，________________？

Yìzhí wǎng qián zǒu, shāngdiàn zài yínháng de pángbiān.
B：一直 往 前 走，商店 在 银行 的 旁边。

Hǎo de, xièxie nǐ.
A：好 的，谢谢 你。

B：________________。

汉字书写 Character Writing

（一）书写下列汉字

Write the following Chinese characters.

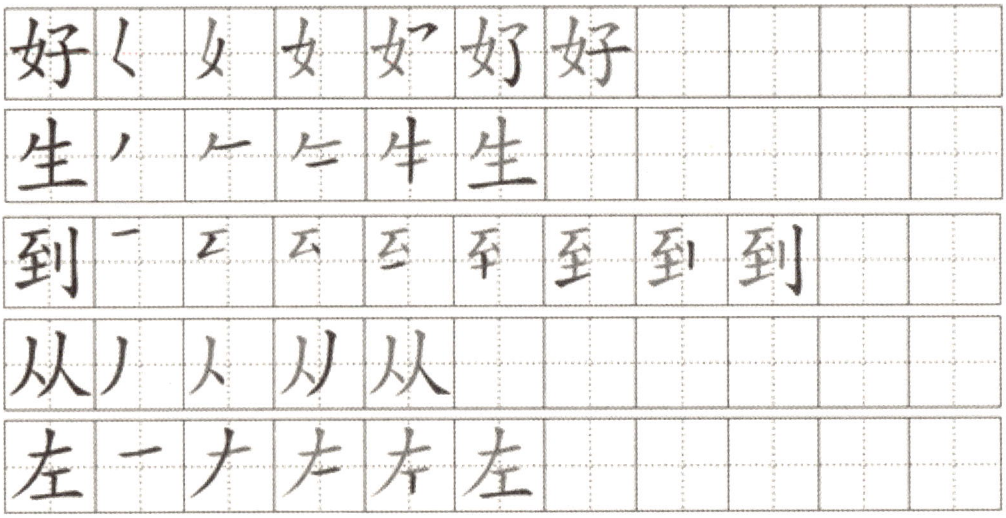

（二）选择正确的字词

Choose the correct words.

Běijīng dào Shànghǎi kěyǐ zuò gāotiě.
(1)______北京 到 上海 可以 坐 高铁。(离,从)

Kèběn zài shūzhuō de
(2)课本 在 书桌 的______。(上,上面)

Qù jiàoxué dàlóu
(3)去 教学 大楼______?(怎么走,在哪儿)

Liúxuéshēng sùshè zài
(4)留学生 宿舍 在______。(3 号楼,楼号 3)

（三）选择正确的汉字

Choose the correct Chinese characters.

Shāngdiàn zài yínháng de yòu
1. 商店 在 银行 的 右______。　　边　力

Nǐ shì liú shēng ma?
2. 你 是 留______生 吗?　　字　学

Tā bù dào sùshè zài nǎr.
3. 他 不______道 宿舍 在 哪儿。　　只　知

Yán zhè tiáo lù yìzhí zǒu jiù le.
4. 沿 这 条 路 一直 走 就______了。　　到　至

（四）看汉字，找出含有下列偏旁的汉字

Look at the characters and group them according to the radicals.

A 宝　B 到　C 利　D 刮　E 安　F 宿
G 列　H 它　I 字　J 刚　K 别　L 完

1. 宀: ______________________
2. 刂: ______________________

第十二课　泰国的冬天不太冷
Winter in Thailand is not too cold

一、热身 Warm-up

看图片，说一说你喜欢的天气。

Look at the pictures and talk about the weather you like.

qíng 晴　　yīn 阴　　yǔ 雨　　xuě 雪

二、课文 Texts

课文 1.

　　Jīntiān　de　tiānqì　zěnmeyàng?

A：今天 的 天气 怎么样？

Jīntiān shì qíngtiān, dànshì fēng tèbié dà.
B：今天 是 晴天，但是 风 特别 大。

Xiàzhōu de tiānqì ne?
A：下周 的 天气 呢？

Xiàzhōu dōu shì yǔtiān.
B：下周 都 是 雨天。

生词 New Words

1. 但是 dànshì *conj.* but
2. 特别 tèbié *adv.* extraodinarily
3. 周 zhōu *n.* week
4. 都 dōu *adv.* all

课文 2.

Jīntiān shì yǔtiān ma?
A：今天 是 雨天 吗？

Bú shì, shì qíngtiān.
B：不 是，是 晴天。

Wàimiàn lěng ma?
A：外面 冷 吗？

Bú tài lěng, yě bú tài rè.
B：不 太 冷，也 不 太 热。

生词 New Words

5. 今天 jīntiān *n.* today
6. 雨天 yǔtiān *n.* rainy day
7. 晴天 qíngtiān *n.* sunny day
8. 冷 lěng *adj.* cold
9. 热 rè *adj.* hot

课文 3.

Běijīng de tiānqì zěnmeyàng?
A：北京 的 天气 怎么样？

Běijīng de tiānqì hěn hǎo, dànshì dōngtiān tài lěng le. Tàiguó ne?
B：北京 的 天气 很 好，但是 冬天 太 冷 了。泰国 呢？

Tàiguó de dōngtiān bú tài lěng.
A：泰国 的 冬天 不 太 冷。

生词 New Words

10. 北京 Běijīng *pn.* a city name, capital of China
11 天气 tiānqì *n.* weather
12. 冬天 dōngtiān *n.* winter

三、注释 Notes

1. 程度副词"太""特别" The Adverb of Degree "太" "特别"

副词"太"和"特别"均表示"过于……,极端……",常修饰形容词,表示程度极深。

The Adverbs "太" and "特别" both mean so, too or very. They are often used to modify adjectives to indicate a high degree.

例如:

(1)北京的冬天太冷了。

(2)今天的风特别大。

(3)这条裙子特别美。

"不太"修饰形容词时,表示程度较低。常可用"不怎么"替换。

"不太" modifies adjectives to indicate a low degree and can be replaced by "不怎么".

例如:

(1)泰国的冬天不太冷。

(2)地铁上的人不太多。

(3)汉语学习不怎么难。

2. 连词"但是"用在后半句话里表示语义的转折。

The conjunction "但是" is used in the second half of the sentence to indicate the semantic transition.

例如:

(1)北京的天气很好,但是太冷了。

(2)我想去旅行,但是没有同伴。

(3)今天很暖和,但是风特别大。

3. 四季的表达 The Expressions of Four Seasons

"四季"即春季、夏季、秋季和冬季,简称为"春夏秋冬"。

"四季" refers to spring, summer, autumn and winter, and can also be called "春夏秋冬" for short.

4. 询问天气情况 Inquiring about Weather

"……的天气怎么样?"此句型用于询问天气情况。常见的天气表达有:

This sentence pattern "……的天气怎么样?" is used to ask about weather. Here are some common weather expressions:

晴天	sunny	多云	cloudy
阴天	overcast	小雨	light rain
中雨	moderate rain	大雨	heavy rain
小雪	light snow	沙尘暴	sandstorm

四、汉字学习 Learning Characters

1. 汉字的偏旁“冫”和“灬”

Chinese Radicals: “冫” and “灬”

两点水“冫”: 冷

四点底“灬”: 热

2. 汉字组合

Composition of Chinese Characters

两点水“冫”例字	四点底“灬”例字
冷 lěng	热 rè
凉 liáng	煮 zhǔ
冰 bīng	然 rán

五、练习 Exercises

语音 Pronunciation

（一）朗读下列字词

Read the following words aloud.

zhā	zhù	zhuō	zhí	zhǎo
shú	shī	shuō	shà	shuǎ

chè chī chuō chà chǎo
lěngrè guānxīn tiānqì xiàtiān qiūtiān
bàofēngxuě shāchénbào léizhènyǔ jùfēng

（二）听录音，写出声母或韵母及声调

Listen to the recording and write down the initials or finals you hear, then add the tone marks.

___uǎn ___óng ___á ___ū ___āo
t___qì túshūg___ w___tào m___mèi d___xiàn
shíj___ Lǎow___ ch___tiān luól___

（三）给下列句子注音

Write the *pinyin* for the following sentences.

1. 泰国的冬天不太冷。

____。

2. 今天的天气怎么样?

____?

3. 今天不冷,但是风特别大。

____。

4. 明天的天气呢?

____?

5. 明天是晴天。

____。

语法与句型 Grammar and Sentence Pattern

（一）参考示例，编写对话

Make up dialogues following the examples.

(1)示例:A: 今天(Jīntiān) 的(de) 天气(tiānqì) 怎么样(zěnmeyàng)?

B: 是(Shì) 晴天(qíngtiān), 但是(dànshì) 风(fēng) 太(tài) 大(dà)。

① 昨天(zuótiān) 阴天(yīntiān) 特别(tèbié) 热(rè)

míngtiān　　xuětiān　　bú tài lěng
② 明天　　雪天　　不 太 冷

Jīntiān shì yīntiān ma?
(2)示例:A: 今天 是 阴天 吗?

Bú shì, shì qíngtiān.
B: 不 是,是 晴天。

Rè ma?
A: 热 吗?

Bú tài rè.
B: 不 太 热。

xuětiān　　yīntiān　　lěng
① 雪天　　阴天　　冷

qíngtiān　　yǔtiān　　lěng
② 晴天　　雨天　　冷

(二)完成对话

Complete the dialogues.

(1)用"太""不太""天气"填空

Fill the blank with 太, 不太, 天气.

Duō chuān xiē yīfu, jīntiān ______ lěng le.
A: 多 穿 些 衣服,今天______冷 了。

Shì ma? Dànshì wǒ juéde ______ lěng.
B: 是 吗?但是 我 觉得______冷。

Míngtiān ______ zěnmeyàng?
A: 明天______怎么样?

Míngtiān shì yǔtiān.
B: 明天 是 雨天。

(2)写出合适的句子

Fill the blanks with proper sentences.

A:______________________________?

Jīntiān de tiānqì hěn hǎo, shì qíngtiān.
B: 今天 的 天气 很 好,是 晴天。

Wǒ xiǎng chū mén sàn bù, ______________ dànshì
A: 我 想 出 门 散 步,__________________。(但是)

Shì a, wàimiàn hěn rè.
B: 是 啊,外面 很 热。

Míngtiān de tiānqì zěnmeyàng?
A: 明天 的 天气 怎么样?

kěyǐ qù guàng gōngyuán.
B: ______________________________,可以 去 逛 公园。

汉字书写 Character Writing

（一）书写下列汉字

Write the following Chinese characters.

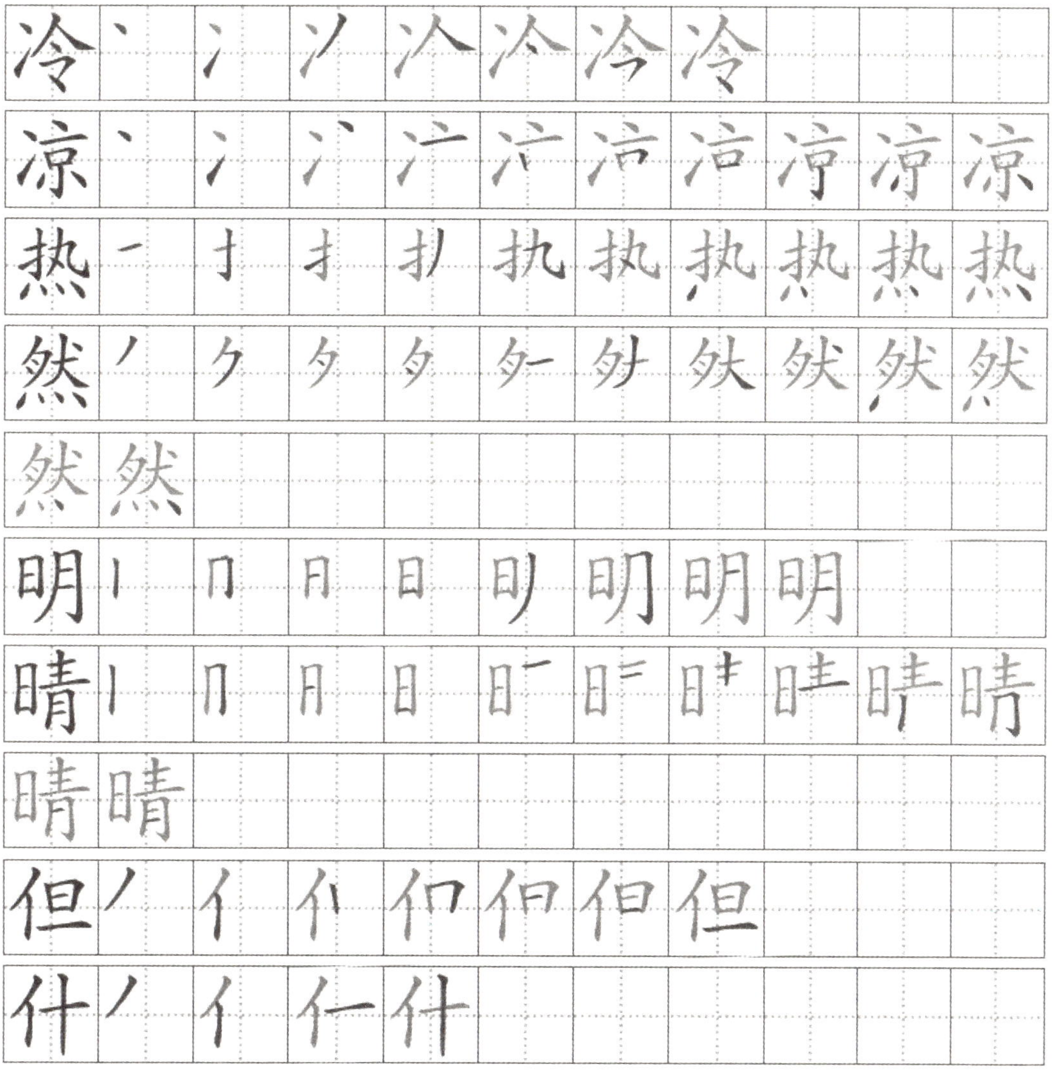

（二）选择正确的字词

Choose the correct words.

Jiàoshì li de xuésheng duō.
(1)教室 里 的 学生 ______多。(不太,不特别)

Tā xiǎng chī mǐfàn, jiā lǐ méiyǒu mǐ le.
(2)他 想 吃 米饭,______家 里 没有 米 了。(所以,但是)

Míngtiān de tiānqì
(3)A:明天 的 天气______?(在哪儿,怎么样)

Míngtiān shì yǔtiān.
B:明天 是 雨天。

(三) 选择正确的汉字

Choose the correct Chinese characters.

Tàiguó de dōngtiān bú tài
(1)泰国 的 冬天 不 太______。　　令　冷

tiān huì xià yǔ.
(2)______天 会 下 雨。　　明　月

Jīntiān shì tiān
(3)今天 是______天。　　晴　睛

Zuótiān shì yīntiān, shì méi xià yǔ.
(4)昨天 是 阴天,______是 没 下 雨。　　但　担

(四) 看汉字,找出含有下列偏旁的汉字

Look at the characters and group them according to the radicals.

A 冷　B 煮　C 烈　D 点　E 冲　F 净
G 凉　H 冽　I 热　J 照　K 减　L 熟

1. 冫: ____________________
2. 灬: ____________________

第十三课　我在收拾房间呢
I'm trying to clean my room

一、热身 Warm-up

看图片，请说出下列活动。

Look at the pictures and name the following movements.

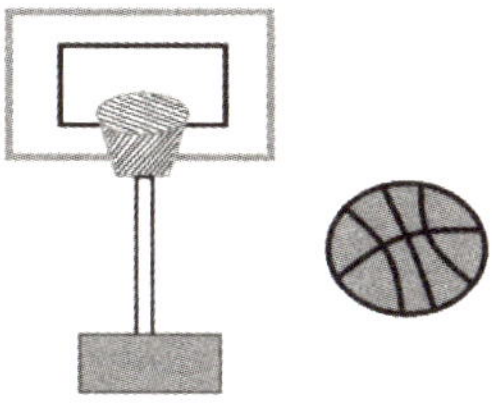

二、课文 Text

课文 1.

Wèi, nǐ hǎo!
A：喂，你 好！

Wǎnni, nǐ zài zuò shénme ne?
B：婉妮，你 在 做 什么 呢？

Wǒ zài shōushi fángjiān ne.
A：我 在 收拾 房间 呢。

Měilíng yě zài shōushi fángjiān ma?
B：美玲 也 在 收拾 房间 吗？

Tā zài shàng wǎng ne.
A：她 在 上 网 呢。

Wǒ hé Lǐ Míng dǎsuàn wǎnshang qù kàn diànyǐng, nǐmen lái ma?
B：我 和 李明 打算 晚上 去 看 电影，你们 来 吗？

Hǎo a.
A：好 啊。

Diànyǐng wǎnshang diǎn kāishǐ, wǒmen diǎn chūfā.
B：电影 晚上 7 点 开始，我们 6 点 出发。

Hǎo, wǎnshang jiàn.
A：好，晚上 见。

生词 New Words

1. 喂 wèi *int.* hello
2. 在 zài *adv.* in the process of
3. 收拾 shōushi *v.* to put in order
4. 上网 shàng wǎng *v.* to surf the Internet
5. 开始 kāishǐ *v.* to begin
6. 出发 chūfā v. to set out

课文 2.

Zuótiān xiàwǔ nǐ zài zuò shénme ne?
A：昨天 下午 你 在 做 什么 呢？

Wǒ zài túshūguǎn kàn shū. Nǐ ne?
B：我 在 图书馆 看 书。你 呢？

Wǒ zài cāochǎng dǎ qiú ne.
A：我 在 操场 打 球 呢。

Nàli rén duō ma?
B：那里 人 多 吗？

Tǐng duō de. Yǒu de zài pǎo bù, yǒu de zài dǎ lánqiú, hái yǒu de zài sàn bù.
A：挺 多 的。有 的 在 跑 步，有 的 在 打 篮球，还 有 的 在 散 步。

Wǒ yě dǎsuàn qù yùndòng yùndòng.
B：我 也 打算 去 运动 运动。

Wǒmen yìqǐ qù ba.
A：我们 一起 去 吧。

Hǎo a.
B：好 啊。

生词 New Words

7. 操场 cāochǎng *n.* playground
8. 跑步 pǎo bù *v.* to run, to jog
9. 散步 sàn bù *v.* to take a walk

课文 3.

Jīntiān zǎoshang wǒ gěi nǐ dǎ diànhuà yìzhí méi rén jiē.
A：今天 早上 我 给 你 打 电话 一直 没 人 接。

Bù hǎo yìsi, nǐ gěi wǒ dǎ diànhuà de shíhou, wǒ zài shuì jiào ne.
B：不 好 意思，你 给 我 打 电话 的 时候，我 在 睡 觉 呢。

Dōu shíyī diǎn le, nǐ hái zài shuì jiào.
A：都 十一 点 了，你 还 在 睡 觉。

Zuótiān wǎnshang wǒ zài fùxí Hànyǔ, shuì de hěn wǎn.
B：昨天 晚上 我 在 复习 汉语，睡 得 很 晚。

Jīnwǎn wǒmen yìqǐ qù kàn diànyǐng ba.
A：今晚 我们 一起 去 看 电影 吧。

Bù xíng a, jīnwǎn wǒ děi fùxí, míngtiān yào kǎoshì.
B：不 行 啊，今晚 我 得 复习，明天 要 考试。

Nà hǎo ba, wǒmen xià cì zài yuē.
A：那 好 吧，我们 下 次 再 约。

生词 New Words

10. 给　gěi　*prep.*　to
11. 打电话　dǎ diànhuà　to make a phone call
12. 一直　yìzhí　*adv.*　always, all the time
13. 接　jiē　*v.*　to pick up
14. 晚　wǎn　*adj.*　late
15. 得　děi　*aux.*　have to, must
16. 不行　bù xíng　cannot
17. 约　yuē　*v.*　to make an appointment

三、注释 Notes

1."在……呢",表示动作正在进行,可以在动词前加副词"正在""在",句尾可以加"呢"。

"在……呢" indicates an action is in progress. You can add the adverbs such as "正在" or "在" before a verb, and add "呢" at the end of a sentence.

例如:

(1)你们在/正在 做 什么呢?

(2)我 在/正在 看 书 呢。

(3)她 在/正在 打 球 呢。

(4)他 在/正在 做 饭

没(在)+动词/动词词组,表示否定,句尾不能用"呢"。

The negative form is "没(在)+ verb/verb phrase", without "呢" at the end of the sentence.

例如:

(1)你 没在 休息。

(2)他们 没 看书。

2. 语气助词"吧",可用在祈使句末尾,表示请求、命令、商量或提议。

The modal particle "吧" can be used at the end of an imperative sentence to indicate a request, command, consultation or proposal.

例如:

A:我们去看电影吧。

B:好吧。

3. 介词“给”，加在代词前构成介词结构，表示动作的对象。

The preposition“给”can be put before a pronoun to form a prepositional phrase indicating the object of an action.

例如：

(1)妈妈给我做饭。

(2)下午我给你打电话。

4. 副词“都(2)”除了可以表示全部外，还有“已经”的意思，表示时间，这时句尾常加“了”，有加重语气的作用。

The adverb “都”, in addition to meaning “all, both”, can also indicate “already”, referring to time. In such case, the sentence often ends with “了” for emphasis.

例如：

(1)我都 20 多岁了。

(2)都中午了，你还在睡觉。

5. 能愿动词“得”(děi)，表示事实上或意志上的必要，常用于口语,不能单独回答问题。“得”(děi)的否定式是“不用(búyòng)”，不说“不得(bùděi)”。

The modal verb “得(děi)” indicates a necessity based on the fact or the will. It is used in spoken Chinese and cannot be used to answer questions independently. The negative form is “不用(búyòng)” instead of “不得(bùděi)”.

例如：

(1)我得去上学了。

(2)今天我不用做作业。

四、汉字学习 Learning Characters

1. 汉字的偏旁“足”和“王”

Chinese Radicals:“足”and“王”

足字旁“足”：跑

王字旁“王”：现

2. 汉字组合

Composition of Chinese Characters

足字旁“足”例字	王字旁“王”例字
跑 pǎo	球 qiú
踢 tī	现 xiàn
跳 tiào	玩 wán

五、练习 Exercises

语音 Pronunciation

（一）听录音，选择听到的双音节词语

Listen to the recording and mark the disyllabic words you hear.

1. Hànyǔ　Hányǔ
2. Běijí　Běijīng
3. shìshí　shíshī
4. yìbiān　yípiàn
5. shòusī　shōushi
6. jiàoshī　jiàoshì
7. dōngxi　gōngsī
8. rénmen　rénmín

（二）把下列拼音填写完整

Fill in the blanks to complete the *pinyin*.

1. 上网　shàng w___
2. 打算　dǎs___
3. 宿舍　s___shè
4. 操场　cāoch___
5. 应该　y___gāi
6. 运动　y___dòng
7. 一直　y___zhí
8. 睡觉　sh___ jiào

（三）给下列句子注音

Write the *pinyin* for the following sentences.

1. 我在收拾房间呢。

________________________________。

2. 昨天下午你在做什么呢？

________________________________？

3. 今天早上我给你打电话一直没人接。

________________________________。

语法与句型 Grammar and Sentence Pattern

（一）看问题，选择正确的回答

Read the questions and choose the right answer to each of them.

Nǐ zài zuò shénme ne?
1. 你 在 做 什么 呢？

Wǒmen yìqǐ qù dǎ qiú, hǎo ma?
2. 我们 一起 去 打 球，好 吗？

Míngtiān wǒ bù néng hé nǐ qù kàn diànyǐng le.
3. 明天 我 不 能 和 你 去 看 电影 了。

Jīntiān shì māma de shēngrì.
4. 今天 是 妈妈 的 生日。

Nǐ Hànyǔ shuō de zhēn hǎo.
5. 你 汉语 说 得 真 好。

Bù xíng, wǒ yào shàng kè.
A. 不 行，我 要 上 课。

Wǒ xuéxí Hànyǔ dōu liǎng nián duō le.
B. 我 学习 汉语 都 两 年 多 了。

Wǒmen gěi tā mǎi ge lǐwù ba.
C. 我们 给 她 买 个 礼物 吧。

Wǒ zài pǎo bù ne.
D. 我 在 跑 步 呢。

Hǎo ba, wǒmen xià cì zài yuē.
E. 好 吧，我们 下 次 再 约。

（二）看句子，选择正确的词语填空

Read the sentences and choose the right words to fill in the brackets.

dǎsuàn　děi　ba　zài　gěi
A 打算　B 得　C 吧　D 在　E 给

Wǒ shàng kè ne.
1. 我（　　）上 课 呢。

Tài lěng le, nǐ duō chuān xiē yīfu.
2. 太 冷 了，你（　　）多 穿 些 衣服。

Wǒmen yìqǐ qù dǎ qiú
3. 我们 一起 去 打 球（　　）。

Měilíng jiàqī qù Běijīng lǚyóu.
4. 美玲（　　）假期 去 北京 旅游。

Jiějie wǒ mǎi yīfu.
5. 姐姐（　　）我 买 衣服。

（三）把括号里的词填入合适的位置

Put the words into the appropriate places.

Wǒ qù xuéxiào tī zúqiú. dǎsuàn
1. 我 A 去 B 学校 C 踢 足球。　（打算）

　　Tā　　lái　　Zhōngguó　　yì　nián　duō　le.　　　　dōu
2. 他 A 来 B 中国 C 一 年 多 了。　（都）

　　Nǐ　　duō　　liànxí　Hànyǔ.　　　　　　　　　　děi
3. 你 A 多 B 练习 汉语。　　　　（得）

（四）将下列词语组成句子

Make up sentences with the following words.

　　tā　　qù　　dōngxi　　mǎi　　chāoshì　　děi
1. 他　去　东西　买　超市　得

______________________________。

　　xià　　cì　　zài　　wǒmen　　yuē
2. 下　次　再　我们　约

______________________________。

　　méi　　zuótiān　　tā　　zài　　xuéxiào
3. 没　昨天　他　在　学校

______________________________。

　　míngtiān　　gěi　　nǐ　　wǒ　　diànhuà　　dǎ
4. 明天　给　你　我　电话　打

______________________________。

汉字书写 Character Writing

（一）根据拼音写汉字

Write Chinese characters according to the *pinyin*.

　　Tā　méi　zài　　　　　　　　fángjiān,　tā　zài　　　　　　　　　　ne.
1. 她 没 在 shōushi(　　) 房间，她 在 shàng wǎng(　　)呢。

　　Yǒu　de　zài　　　　　　　　yǒu　de　zài　dǎ　　　　　　　　hái　yǒu　de　zài
2. 有 的 在 pǎo bù(　　)，有 的 在 打 lánqiú(　　)，还 有 的 在 sàn bù (　　)。

　　Diànyǐng　wǎnshang　　diǎn　　　　　　　wǒmen　　diǎn
3. 电影 晚上 7 点 kāishǐ(　　)，我们 6 点 chūfā(　　)。

Nǐ wǎnshang jǐ diǎn
4. 你 晚上 几点 shuì jiào( )?

Duō duì shēntǐ hǎo.
5. 多 yùndòng( )对 身体 好。

（二）选择正确的汉字

Choose the correct Chinese characters.

Tā zài cāochǎng dǎ lán
(1) 他 在 操场 打 篮_____。

球　　述

Wǒ xǐhuan wǔ.
(2) 我 喜欢_____舞。

跳　　挑

Tā zài yóuxì ne.
(3) 他 在_____游戏 呢。

完　　玩

Wǒ měi tiān zǎoshang liù diǎn bù.
(4) 我 每 天 早上 六点_____步。

泡　　跑

（二）看汉字，找出含有下列偏旁的汉字

Look at the characters and group them according to the radicals.

A 趴	B 珍	C 球	D 路	E 珠	F 跳
G 玩	H 跟	I 理	J 跃	K 踢	L 现

1. ⻊：________________________________

2. 王：________________________________

第十四课　昨天我买了一件羽绒服
I bought a down jacket yesterday

一、热身 Warm-up

看图片，请说出四季的颜色。

Look at the pictures and tell the colors of the four seasons.

二、课文 Text

课文 1.

Zuótiān nǐ qù nǎr le?
A：昨天 你 去 哪儿 了？

Wǒ qù shāngdiàn mǎi dōngxi le.
B：我 去 商店 买 东西 了。

Nǐ mǎi shénme le?
A：你 买 什么 了？

Tiānqì tài lěng le, wǒ mǎi le yí jiàn yǔróngfú.
B：天气 太 冷 了，我 买 了 一 件 羽绒服。

Tàiguó dōngtiān lěng ma?
A：泰国 冬天 冷 吗？

Bú tài lěng, búyòng chuān hěn hòude yīfu.
B：不 太 冷，不用 穿 很 厚的 衣服。

生词 New Words

1. 东西 dōngxi *n.* thing, stuff
2. 羽绒服 yǔróngfú *n.* down jacket
3. 穿 chuān *v.* to wear, to put on
4. 厚 hòu *adj.* thick
5. 衣服 yīfu *n.* clothes

课文 2.

Zhè jiàn yǔróngfú duōshao qián?
A：这 件 羽绒服 多少 钱？

kuài.
B：860 块。

Zhème guì. Kěyǐ dǎ zhé ma?
A：这么 贵。可以 打 折 吗？

Hēisè de zhǐ yǒu mǎ le, kěyǐ dǎ qī zhé, kuài.
B：黑色 的 只 有 L 码 了，可以 打 七 折，602 块。

Wǒ kěyǐ shìshi ma?
A：我 可以 试试 吗？

Kěyǐ, shìyījiān zài nàr.
B：可以，试衣间 在 那儿。

生词 New Words

6. 打折 dǎzhé *v.* to discount
7. 黑色 hēisè *n.* black
8. 码 mǎ *n.* size
9. 试 shì *v.* to try
10. 试衣间 shìyījiān *n.* fitting room

课文 3.

Zhè shì nǐ xīn mǎi de yīfu ma?
A：这 是 你 新 买 的 衣服 吗？

Shì de, zěnmeyàng?
B：是的，怎么样？

Hěn piàoliang. Hái yǒu qítā yánsè ma?
A：很 漂亮 。还 有 其他 颜色 吗？

Hái yǒu báisè de、huángsè de hé hóngsè de. Nǐ mǎile shénme?
B：还 有 白色 的、黄色 的 和 红色 的。你 买了 什么？

Wǒ méi mǎi dōngxi, méiyǒu héshì de.
A：我 没 买 东西，没有 合适 的。

生词 New Words

11. 新 xīn *adj.* new
12. 漂亮 piàoliang *adj.* beautiful, pretty
13. 其他 qítā *pron.* the rest
14. 颜色 yánsè *n.* color
15. 白色 báisè *n.* white
16. 黄色 huángsè *n.* yellow
17. 红色 hóngsè *n.* red
18. 合适 héshì *adj.* proper, suitable

三、注释 Notes

1. “了”用在句子末尾表示事情完成或者发生。

“了” can be used at the end of a sentence, indicating the completion or occurrence of an action.

例如：

(1)我吃午饭了。

(2)他回宿舍了。

(3)你买什么了？

(4)学生下课了。

宾语前面有数量词的时候，“了”应该放在动词后边，数量词和宾语前面。

When there is a quantity before the object, “了” should be put after the verb and before the quantifier and the object.

例如：

(1)我买了一件羽绒服。

(2)她买了五个苹果。

(3)王老师喝了一杯咖啡

(4)大卫吃了两个面包。

否定形式是：没(有)+ 动词+(宾语)，“了”要去掉。

The negative form is “没+ verb + (object)”, in which, “了” should be omitted.

例如：

(1)我没买东西。

(2)她们没打羽毛球。

(3)阿明没穿羽绒服。

2. 指示代词“这么”可用来表示程度，其后加形容词或者动词。

The demonstrative pronoun “这么” is used to indicate the degree and is followed by an adjective or a verb.

例如：

(1)这么贵。

(2)这么冷啊。

(3)大卫这么喜欢学汉语啊。

3. 助词“的”附着在词或词组后边，组成“的”字结构，它相当于一个名词。

The auxiliary word “的” is attached to a word or phrase to form the structure of “的”, which is equivalent to a noun.

例如：

(1)我的词典忘记带了，借你的用一下。

(2)这件黑色的你穿，我穿白色的。

(3)这是新买的，你穿了很好看。

4. 能愿动词"可以"表示能够或可能。可以单独回答问题。

The modal verb "可以" indicates "can" or "may". It can be used alone to answer a question.

例如：

(1)黑色的可以打七折。

(2)学生们可以去体育馆打羽毛球。

(3)下午没课，可以去商店买东西。

能愿动词"可以"表示许可。多用于疑问句或否定句。

The modal verb "可以" indicates a permission, which is often used in interrogative sentence or negative sentence.

例如：

(1)这么贵。可以打折吗？

(2)我可以试试吗？

(3)我可以去学校看你吗？

四、汉字学习 Learning Characters

1. 汉字的偏旁"月"和"讠"

Chinese Radicals:"月"and"讠"

月字旁"月"：服

言字旁"讠"：试

2. 汉字组合

Composition of Chinese Characters

月字旁"月"例字	言字旁"讠"例字
服 fú	试 shì
朋 péng	语 yǔ
期 qī	课 kè

五、练习 Exercises

语音 Pronunciation

（一）听录音，选择听到的双音节词语

Listen to the recording and mark the disyllabic words you hear.

1. shāngdiàn　shàngmiàn　　2. yǔmáo　yǔyán
3. cāntīng　cānguān　　4. míngtiān　míngnián
5. héshì　hébìng　　6. dǎ zhé　dǎ dǔ
7. yīfu　yìfù　　8. yánsè　yǎnsè

（二）把下列拼音填写完整

Fill in the blanks to complete the *pinyin*.

1. 衣服 ___ī___u　　2. 试 ___ì　　3. 穿 ___uān
4. 羽绒服 ___ǔ___óng___ú　　5. 试衣间 ___ì___ī___iān　　6. 合适 h___sh___
7. 东西 d___x___　　8. 贵 g___　　9. 黑色 h___s___
10. 红色 h___s___　　11. 漂亮 p___l___

（三）给下列句子注音

Write the *pinyin* for the following sentences.

1. 我去商店买东西了。

______________________________。

2. 黑色的可以打七折。

______________________________。

3. 我没买东西，没有合适的。

______________________________。

语法与句型 Grammar and Sentence Pattern

（一）看问题，选择正确的回答

Read the questions and choose the right answer to each of them.

1. Wǒ méi mǎi yīfu, nǐ ne?
我 没 买 衣服，你 呢？
2. Nǐ xǐhuan shénme yánsè de?
你 喜欢 什么 颜色 的？
3. Wǒ xīn mǎi de kùzi zěnmeyàng?
我 新 买 的 裤子 怎么样？
4. Zhème guì, kěyǐ dǎ zhé ma?
这么 贵，可以 打 折 吗？
5. Tàiguó dōngtiān bú tài lěng.
泰国 冬天 不 太 冷。

A. Kěyǐ dǎ bā zhé.
可以 打 八 折。
B. Hěn héshì.
很 合适。
C. Shìde, búyòng chuān hěn hòude yīfu.
是的，不用 穿 很 厚的 衣服。
D. Wǒ xǐhuan hóngsè, xiàng qiūtiān de yánsè.
我 喜欢 红色，像 秋天 的 颜色。
E. Wǒ mǎile yí jiàn yǔróngfú.
我 买了 一 件 羽绒服。

（二）看句子，选择正确的词语填空

Read the sentences and choose the right words to fill in the brackets.

A zhème 这么　B hòu 厚　C duōshao 多少　D shì 试　E dǎ zhé 打 折

1. Jīntiān zhǐ yǒu 5℃, xūyào chuān (　　) de yīfu.
今天 只 有 5℃，需要 穿（　　）的 衣服。
2. Liúlián (　　) qián yì jīn?
榴莲（　　）钱 一 斤？
3. Jīntiān shāngdiàn (　　), yīfu hé kùzi dōu hěn piányi.
今天 商店（　　），衣服 和 裤子 都 很 便宜。
4. Nǐ kěyǐ (　　) yíxià, héshì zài mǎi.
你 可以（　　）一下，合适 再 买。
5. Zhèli de dōngxi (　　) duō a?
这里 的 东西（　　）多 啊？

（三）把括号里的词填入合适的位置

Put the words into the appropriate place.

1. Wǒ A qù diànyǐngyuàn B kàn diànyǐng C.　　(le)
我 A 去 电影院 B 看 电影 C。　　（了）

nǐ xǐhuan dǎ yǔmáoqiú a. zhème
2. A 你 B 喜欢 打 羽毛球 C 啊。 （这么）

míngtiān zhōumò gěi māma dǎ diànhuà. kěyǐ
3. A 明天 周末 B 给 妈妈 C 打 电话。 （可以）

Nǐ xǐhuan shénme yánsè yǔróngfú de
4. 你 喜欢 什么 A 颜色 B 羽绒服 C? （的）

（四）将下列词语组成句子

Make up sentences with the following words.

hòu yīfu de mǎi le yí jiàn wǒ
1. 厚 衣服 的 买 了 一 件 我

____。

shāngdiàn zuótiān mǎi xiàwǔ Dàwèi qù miànbāo le
2. 商店 昨天 买 下午 大卫 去 面包 了

____。

xīngqī liù kàn diànyǐng kěyǐ qù ma
3. 星期 六 看 电影 可以 去 吗

____?

hóngsè báisè de hé de hái yǒu
4. 红色 白色 的 和 的 还 有

____。

汉字书写 Character Writing

（一）根据拼音写汉字

Write Chinese characters according to the *pinyin*.

Wǒ qù mǎi le.
1. 我 去 shāngdiàn(　　)买 dōngxi(　　)了。

de dōngtiān bú tài lěng, búyòng chuān hěn de yīfu.
2. Tàiguó(　　)的 冬天 不 太 冷，不用 穿 很 hòu(　　)的 衣服。

3. Zhème(　　)贵(guì),可以(kěyǐ) dǎ zhé(　　)吗(ma)?

4. 你(Nǐ) xǐhuan(　　)什么(shénme) yánsè(　　)?

5. Huángsè de(　　)不(bù) 太(tài) shìhé(　　)我(wǒ)。

(二)选择正确的汉字

Choose the correct Chinese characters.

(1) 我(Wǒ) 可(kě)______试试(shìshi) 吗(ma)?　　以　已

(2) 请问(Qǐngwèn),试衣(shìyī)______在(zài) 哪儿(nǎr)?　　问　间

(3) 红色(Hóngsè) 的(de) 只(zhǐ) 有(yǒu) M______了(le)。　　吗　码

(4) 这(Zhè) 件(jiàn) 衣服(yīfu) 现在(xiànzài) 打(dǎ) 八(bā)______。　　折　拆

(三)看汉字,找出含有下列偏旁的汉字

Look at the characters and group them according to the radicals.

A 胖	B 说	C 服	D 试	E 有	F 肩
G 认	H 谁	I 期	J 服	K 请	L 青

1. 月: ______________________________

2. 讠: ______________________________

第十五课　假期你有什么打算
What are your plans for the holiday

一、热身 Warm-up

看图片，请说出以下是哪些地方的景色。

Look at the pictures and tell where each picture was taken.

A

B

C

D

E

F

二、课文 Text

课文 1.

Chūnjié nǐ qù nǎli le?
A：春节 你 去 哪里 了？

Wǒ nǎr yě méi qù, jiù dāi zài Kūnmíng. Nǐ ne?
B：我 哪儿 也 没 去，就 待 在 昆明。你 呢？

Wǒ qù Qīngmài le.
A：我 去 清迈 了。

Nàli tiānqì zěnyàng?
B：那里 天气 怎样？

Nà jǐ tiān tiānqì fēicháng hǎo, dōu shì qíngtiān.
A：那 几 天 天气 非常 好，都 是 晴天。

Tài hǎo le, míngnián wǒ yě qù.
B：太 好 了，明年 我 也 去。

生词 New Words

1. 非常 fēicháng *adv.* very, extremely
2. 昆明（中国云南省会城市） Kūnmíng *pn.* Kunming (capital of Yunnan Province in China)
3. 清迈（泰国一城市名） Qīngmài *pn.* ChiengMai (a city in Thailand)

课文 2.

Wǒ dǎsuàn qù Zhōngguó lǚyóu, qǐngwèn qù nǎr hǎo ne?
A：我 打算 去 中国 旅游，请问 去 哪儿 好 呢？

Kūnmíng jiù hěn búcuò ma.
B：昆明 就 很 不错 嘛。

Nàli yǒu shénme ne?
A：那里 有 什么 呢？

Yǒu hěn duō hǎowán de, hǎochī de.
B：有 很 多 好玩 的，好吃 的。

Zhè zhèng shì wǒ xiǎng qù de.
A：这 正 是 我 想 去 的。

Kūnmíng bù lěng yě bú rè, érqiě bú tài yuǎn.
B：昆明 不 冷 也 不 热，而且 不 太 远。

Tài hǎo le, xièxie nín!
A：太 好 了，谢谢 您！

生词 New Words

4. 旅游 lǚyóu *v.* travel
5. 不错 búcuò *adj.* good, fine
6. 远 yuǎn *adj.* far

课文 3.

Jiàqī nǐ dǎsuàn zuò xiē shénme yùndòng?
A：假期 你 打算 做 些 什么 运动 ？

Wǒ dǎsuàn qù xué yóu yǒng. Nǐ ne?
B：我 打算 去 学 游 泳 。你 呢？

Wǒ xǐhuan dǎ lánqiú hé pǎo bù.
A：我 喜欢 打 篮球 和 跑 步。

Wǒ yě xǐhuan ya!
B：我 也 喜欢 呀！

Tài hǎo le, jiàqī wǒmen jiù yìqǐ yùndòng ba.
A：太 好 了，假期 我们 就 一起 运动 吧。

Hǎo de.
B：好 的。

生词 New Words

7. 游泳 yóu yǒng *v.* to swim

三、注释 Notes

1.“打算”的用法 The Usage of “打算”

“打算”表示计划、安排。可以用作动词，也可以作名词。有时可以和“想”交替使用。

“打算” can be used as a verb or a noun, indicating plan or arrangement. Sometimes “打算” is used with “想” alternatively.

(1)“打算”用作动词。

“打算” is used as a verb.

例如：

① 我打算下午学习汉语。

② 他打算明年暑假去中国。

③ 他们打算下个月去北京。

(2)“打算”用作名词,常和动词“有”和“是”搭配使用,如“有……的打算”和“……的打算是……”。

When used as a noun, “打算” is often collocated with the verb “有” and “是”, such as the structure “有……的打算” and “……的打算是……”.

例如:

① 你寒假有什么打算?

② 他明年有出国的打算。

③ 你的打算是什么?

2. 副词“就”　The Adverb“就”

(1)表示“只有”,后接动词。

“就” here means “only”, followed by verbs.

例如:

① 他们就有一个女儿。

② 他就喜欢春天。

③ 小女孩就要买这个玩具。

(2)表示两件事紧接着发生,也可以和“一”搭配使用。

“就” here indicates that two things happen one after the other, which can be used with the numeral “一”.

例如:

① 他们(一)说完就走了。

② 她(一)回家就写作业。

③ 我(一)吃完饭就去学校。

(3)表示事情进行得快。

“就” here indicates that something goes very fast.

例如:

① 我很快就回来。

② 她的课五分钟后就结束。

③ 气候马上就变暖了。

(4)表示很久以前发生过。

“就” here indicates that something happens at an earlier time.

例如:

① 他一直就住在昆明。

② 她很早就来了。

③ 电影半小时前就开始了。

(5)“就”和“是”搭配，表强调。
“就” here collocates with “是” for emphasis.
例如：

① 昆明就是不错的选择。
② 那就是我们的学校。
③ 她就是我的汉语老师。

四、汉字学习 Learning Characters

1. 汉字的偏旁“方”“马”
Chinese Radicals:“方”and“马”
方字旁“方”：旅
马字旁“马”：验
2. 汉字组合
Composition of Chinese Characters

方字旁“方”例字	马字旁“马”例字
旅 lǚ	验 yàn
放 fàng	骂 mà
族 zú	驴 lǘ

五、练习 Exercises

语音 Pronunciation

（一）听录音，选择听到的双音节词语

Listen to the recording and mark the disyllabic words you hear.

1. jiàqī jiāqī
2. nǎli nàli
3. dàsuàn dǎsuàn
4. wúcháng fēicháng
5. lǚyóu lǐyóu
6. yídòng yígòng

7. tiānqì　diànqì

8. Chūnjié　chūnjì

（二）把下列拼音填写完整

Fill in the blanks to complete the *pinyin*.

1. 天气 ___iān___ì
2. 晴天 q___ngti___
3. 非常 f___ch___ng
4. 旅游 l___y___u
5. 中国 ___ōngg___
6. 好吃的 h___ch___ d___

（三）给下列句子注音

Write the *pinyin* for the following sentences.

1. 春节你去哪里了？

________________________________？

2. 我想去中国。

________________________________。

3. 她喜欢旅游。

________________________________。

语法与句型 Grammar and Sentence Pattern

（一）看问题，选择正确的回答

Read the questions and choose the right answer to each of them.

1. Nǐ xǐhuan lǚyóu ma?
   你 喜欢 旅游 吗？
2. Nàli de tiānqì zěnyàng?
   那里 的 天气 怎样 ？
3. Nǐ xǐhuan shénme yùndòng?
   你 喜欢 什么 运动 ？
4. Qǐngwèn, nǐ yào qù nǎli?
   请问，你 要 去 哪里？
5. Tā shénme shíhou xué yóu yǒng?
   她 什么 时候 学 游 泳 ？

A. Jiàqī.
   假期。

B. Pǎo bù.
   跑 步。

C. Bù lěng yě bú rè.
   不 冷 也 不 热。

D. Zhōngguó.
   中国 。

E. Xǐhuan.
   喜欢。

（二）看句子，选择正确的词语填空

Read the sentences and choose the right words to fill in the brackets.

qǐngwèn xiǎng hǎochī de bù yuǎn Zhōngguó zěnyàng
A 请问 B 想 C 好吃 的 D 不 远 E 中国 F 怎样

Kūnmíng de tiānqì
1. 昆明 的 天气(　　)?

nín yào qù nǎli?
2. (　　)您 要 去 哪里?

Wǒ jiā lí xuéxiào
3. 我 家 离 学校(　　)。

Wǒ míngnián yào qù lǚyóu.
4. 我 明年 要 去(　　)旅游。

Nàli yǒu hěn duō
5. 那里 有 很 多(　　)。

（三）把括号里的词填入合适的位置

Put the words into the appropriate places.

Wǒ qù Zhōngguó lǚyóu xiǎng
1. 我 A 去 中国 B 旅游 C。 (想)

nǐ xué Zhōngwén ma dǎsuàn
2. A 你 B 学 中文 吗 C? (打算)

wǒ dāi zài Kūnmíng jiù
3. A 我 B 待 在 昆明 C。 (就)

Míngnián wǒ qù yě
4. 明年 A 我 B 去 C。 (也)

zhèli lí xuéxiào bù yuǎn. yòu
5. A 这里 B 离 学校 C 不 远。 (又)

（四）将下列词语组成句子

Make up sentences with the following words.

lǚyóu chū guó dǎsuàn míngnián wǒ
1. 旅游 出 国 打算 明年 我

______________________________。

hǎochī de nàli xǔduō yǒu
2. 好吃 的 那里 许多 有

____。

yùndòng wǒmen yìqǐ ba zuò
3. 运动 我们 一起 吧 做

____。

bù lěng zhèli bú rè yě
4. 不 冷 这里 不 热 也

____。

汉字书写 Character Writing

（一）根据拼音写汉字

Write Chinese characters according to the *pinyin.*

Nǐ qù nǎli le?
1. 你 去 哪里 lǚyóu(　　)了?

Kūnmíng de hǎo.
2. 昆明 的 tiānqì(　　) fēicháng(　　)好。

Nàli bù yě bú
3. 那里 不 lěng(　　)也 不 rè(　　)。

Wǒ dǎ
4. 我 xǐhuan(　　)打 lánqiú(　　)。

Tā xǐhuan hé
5. 他 喜欢 pǎo bù(　　)和 yóu yǒng(　　)。

（二）选择正确的汉字

Choose the correct Chinese characters.

Nǐ yào qù li?
(1) 你 要 去______里?　　【哪　那】

Nàli de dōngtiān dōu shì tiān.
(2) 那里 的 冬天 都 是______天。　　【睛　晴】

hǎo le, xièxie nín.
(3) _____好 了，谢谢 您。

太	大

Tā yào qù yóu yǒng.
(4) 他 要 去_____游 泳 。

学	字

（三）看汉字，找出含有下列偏旁的汉字

Look at the characters and group them according to the radicals.

A 施　B 骄　C 骗　D 旌　E 驾　F 旗
G 驶　H 旁　I 驱　J 旋　K 旖　L 驮

1. 方：________________________
2. 马：________________________